Die charakteristischen Merkmale des Alaskan Malamute

(in Anlehnung an den gültigen FCI-Standard)

Körper
Kräftig und kompakt gebaut, Brust kräftig und tief; Rücken gerade, leicht zu den Hüften abfallend.

Rute
In Verlängerung der Wirbelsäule mäßig hoch angesetzt. Wenn der Hund nicht arbeitet, wird die Rute wie eine wehender Federbusch über dem Rücken getragen.

Farbe
Reicht von Hellgrau bis Schwarz mit allen Zwischenschattierungen und Sable einschließlich dessen zum Rot tendierender Schattierung, immer mit Weiß an der Körperunterseite, Teilen der Beine Pfoten und der Maske. Die Zeichnung im Gesicht ist entweder hauben- oder maskenähnlich. Eine Kombination daraus nicht ungewöhnlich. Eine weiße Blesse auf der Stirn, ein Kragen oder ein Fleck auf dem Nacken sind erlaubt. Mantelzeichnung von gleichmäßiger Farbe erwünscht. Allein zugelassene, einheitliche Farbe ist weiß.

Hinterhand
Hinterbeine breit stehend und Oberschenkel stark bemuskelt; Kniegelenke mäßig gewinkelt, Sprunggelenk breit und kräftig, mäßig gewinkelt und tiefstehend. Von hinten gesehen stehen und bewegen sich die Hinterläufe auf einer Linie mit den Vorderläufen. Die Beine deuten auf die immense Schubkraft hin.

Pfoten
Groß und kompakt, Zehen eng aneinander liegend, gut gebogen, Ballen dick und robust; Zehennägel kurz und stark.

Alaskan Malamute

Thomas Stockmann

Inhaltsverzeichnis

Benannt nach den Mahlamuit Eskimos, ist der Alaskan Malamute bestens als Schlittenhund geeignet. In dieser Funktion war er unersetzbar für das Überleben der Eskimos. Später wurde er für Schlittenhundrennen gezüchtet, bevor er weltweit auch als Familien- und Showhund beliebt wurde.

Wer es versteht, dem Alaskan Malamute die nötige Bewegung, Aufmerksamkeit und Pflege zukommen zu lassen, wird in ihm einen Freund finden, der voller Energie, verspielt und liebevoll ist. Lernen Sie etwas über die typischen Wesens- und Körpermerkmale, sowie rassespezifische Gesundheitsprobleme.

Hier erfahren Sie, wie ein gut gezüchteter Alaskan Malamute aussehen muß. Diese Merkmale sind im Standard des Kennel Clubs festgelegt. Sowohl Show- wie auch Familienhunde müssen bestimmte Merkmale, wie sie im Standard umrissen sind, aufweisen.

Hier finden Sie Tipps, wie Sie den richtigen Züchter finden und einen gesunden, typischen Welpen auswählen. Erfahren Sie, welche Verantwortung es bedeutet, einen Hund zu haben, wie die Eingewöhnung abläuft und wie man häufige Welpenprobleme vermeidet.

Dieses Kapitel behandelt den sensiblen Bereich der richtigen Fütterung, Übungen, Fellpflege, das Reisen mit dem Hund, sowie seine Kennzeichnung. Hier finden Sie alles über die richtige Haltung des Alaskan Malamute in all seinen Entwicklungsabschnitten.

PraxisRatgeber Alaskan Malamute

ISBN 3-933 646-31-6

bede-Bestell-Nr. PR 044

bede

Von Charlotte Schwarz

Hier erfahren Sie, wie wichtig die Erziehung des Alaskan Malamutes ist, angefangen von der Stubenreinheit und der Entwicklung eines jungen Hundes bis hin zum Erlernen der Gehorsamsübungen (Sitz, Bleib, Platz ...).

Erkunden Sie die Welt der Hundeschauen, die einzelnen Ausstellungstypen, und erfahren Sie, wie ein Hund zum Champion wird. Lernen Sie darüberhinaus wichtige Dinge über Arbeitsprüfungen, Agilityprüfungen usw.

Fotonachweis:

Norvia Behling
T. J. Calhoun.
Carolina Bio. Supply
Kent & Donna Dannen
Doskocil
Isabelle Francais
James Hayden-Yoav
James R. Hayden, RBP
Carol Ann Johnson
Bill Jonas
Alice van Kempen
Dwight R. Kuhn
Dr. Dennis Kunkel
Mikki Pet Products
Phototake
Jean Claude Revy
Alice Roche
Steven Surfman
Dr. Andrew Spielman
C. James Webb

Illustrationen von Renée Low

WIR BEDANKEN UNS BEI DEN FOTOGRAFEN FÜR DIE BEREITSTELLUNG DER FOTOS:
Gale Castro, Lori J. Fincher, Brenda Lemon, Eric Levenstein, Karen Moore, Patrick V. O'Hara, Samuel Ortiz, Victoria Petrelli, Kevin and Donna Schmoyer, Suzie Schollenberger, Marilyn Shrewsberry, Virginia Smith.

Erkennen Sie die Anzeichen dafür, dass Ihr Hund altert, sowohl im Verhalten als auch an körperlichen Veränderungen. Erstellen Sie mit Ihrem Tierarzt ein Vorsorgeprogramm für Ihren "Senior" und machen Sie sich mit den letzten Überlegungen und Entscheidungen für Ihren Alaskan Malamute vertraut.

Fachliche Mitarbeit:
Katharina Schlegl-Kofler
Irene Ertl-Seebacher
2. Auflage 2004

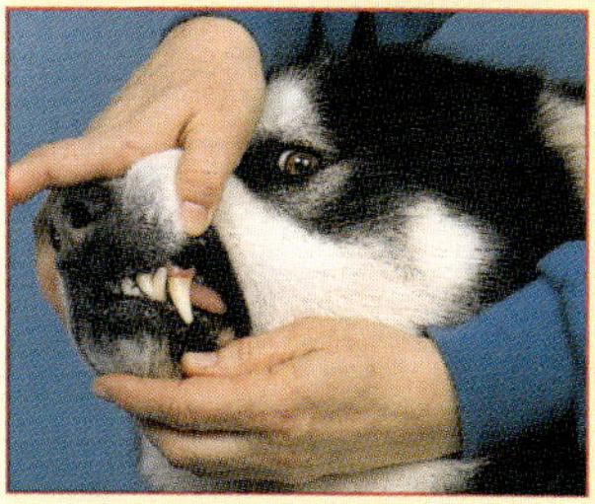

Dieses Kapitel zeigt, wie Sie einen guten Tierarzt finden und in allen Lebensabschnitten richtig für Ihren Hund sorgen können. Die Themen beinhalten den Impfplan, Hautprobleme, den Umgang mit äußeren und inneren Parasiten und rassespezifische Erkrankungen.

Lernen Sie, Verhaltensprobleme Ihres Alaskan Malamute zu erkennen und zu bekämpfen. Zum Beispiel Aggressivität gegen Menschen und andere Hunde, kauen, bellen, besteigen, graben, hochspringen usw.

Die Geschichte des Alaskan Malamute

Der Alaskan Malamute ist einer der ältesten und meistbewunderten Nordischen Schlittenhunde. Die Heimat dieser kraftvollen Arbeitshunde sind die nördlichen Gebiete der westlichen Hemisphäre. Als erstes wurden Sie bei einem Stamm der Inuits in den späten Jahren des neunzehnten Jahrhunderts entdeckt. Die Hunde wurden hauptsächlich dafür eingesetzt, bei extrem rauher Winterwitterung schwere Schlitten über große Entfernungen zu ziehen. Ihren Namen hat diese Rasse von einer bestimmten Gruppe von Eskimos, die als „Mahlamuits" oder „Mahlemuts" bekannt waren. Man nimmt an, dass dieser eingeborene Inuitstamm als erster die Küste des Kotzebue Sund, der im oberen Westen Alaskas liegt, besiedelt hat. Das Überleben der Eskimos jener Zeit hing zu einem großen Teil von den Hunden ab. Die Hunde zogen die Nahrung, Versorgungsgüter und andere Besitztümer.

Die Entwicklung eines Schlittens, der von mehreren Alaskan Malamutes gezogen wurde, war notwendig, um Fleisch vom Jagdgebiet zur Wohnstätte der Inuits zu befördern. Die rauhen Wetterbedingungen der Arktis zwangen die Inuits oft, auf der Suche nach Nahrung und anderen überlebenswichtigen Dingen große Entfernungen zurückzulegen.

Während jener Zeit war die Arktis eines der Gebiete, in denen es sehr schwierig war zu leben und zu überleben. Die eisigen Temperaturen, der erbarmungslose Schnee und der Mangel an Ressourcen in dieser Gegend machten den Alaskan Malamute extrem wertvoll. Die Kraft, die Ausdauer, ihre Führigkeit und die Eignung als Schlittenhund ließen diese Rasse zu einem wesentlichen Überlebensbestandteil der Eskimos werden.

Neben ihrer Fähigkeit, schwere Ladungen auf langen Strecken durch Eis und Schnee zu transportieren, schätzte man sie auch wegen ihrer jagdlichen Eigenschaften. Es war

Gegenüberliegende Seite: Bevor es moderne Geräte wie Hubschrauber, Schneemobile und Boote mit Außenbordmotoren gab, hing das Überleben der Eskimos sehr von ihren Hunden ab. Eine der bedeutendsten Rassen war der Alaskan Malamute, der nach den Mahlamuit Eskimos benannt wurde.

Wussten Sie schon?

Auf gute Eigenschaften des Alaskan Malamute im Zusammenleben mit der Familie wurde schon sehr früh großer Wert gelegt. In extrem kalten Nächten wurden die Hunde oft als „Heizkissen" und um mehr Behaglichkeit zu schaffen gebraucht. Es war nicht ungewöhnlich, daß mehrere Malamutes zusammen mit kleinen Eskimokindern kuschelten und schliefen.

nicht ungewöhnlich, dass sie Eisbär, Elch, Wolf, Walross oder andere wilde Tiere jagten, die ihnen auf ihren Reisen in die Quere kamen oder als Nahrung benötigt wurden. Vermutlich erhielt er wegen seines wolfsähnlichen Aussehens und seiner Fähigkeit, große Raubtiere im Rudel zu erlegen, den Spitznamen „Wolfshund“. Aus verschiedenen Berichten geht hervor, dass der Alaskan Malamute den Inuit auch geholfen hat, Atemlöcher der Robben im Eis zu finden.

Viele Hundehistoriker sind davon überzeugt, dass der Alaskan Malamute mit einigen anderen Nordischen Rassen, wie dem Siberian Husky, dem Samojeden und anderen ähnlichen Eskimohunden in Grönland und Labrador verwandt ist. Genau wie seine Verwandten machten den Alaskan Malamute seine Fähigkeiten, unter rauhesten Wetterbedingungen zu überleben und mit einem Minimum an Futter auszukommen, so wertvoll.

Je nach den Bedingungen, unter denen sie lebten, sahen die frühen Vertreter dieser Rasse sehr unterschiedlich aus. Die Gegend, in der sie lebten, die Schneemengen, ihre Verwendung und die Art ihrer Behandlung beeinflussten das Ausse-

Einige nordische Rassen, wie auch der reinweiße Samojede, sind für ihr menschenfreundliches Wesen bekannt. Diese langhaarige Rasse ist auch in gemäßigten Zonen recht beliebt.

Schlittenhundrennen und -touren sind beliebte Sportarten, die ihren Ursprung in der Verwendung der Hunde als Zugtiere für den Transport von Gütern und Nahrung über Eis und Schnee haben.

hen und die Leistung der Schlittenhunde deutlich. So variierten die Länge und Struktur des Fells, die Länge des Kopfes, der Schnauze und der Beine, sowie andere Merkmale von Hund zu Hund.

Schlittenhundrennen und ihr Einfluss auf die Rasse

Schlittenhundrennen waren eine ganze Zeit lang sehr beliebt. Der Goldrausch in Alaska Ende des neunzehnten und Anfang des zwanzigsten Jahrhundert zog viele Gespanne nach Alaska und zum Yukon. Obwohl auch andere Nordische Rassen unter den Gespannen waren, erkannte man doch schnell die vielen guten Eigenschaften des Alaskan Malamute. Sein dichtes Fell, seine Ausdauer, Intelligenz und Fähigkeit, unter widrigsten Bedingungen zu arbeiten, machten ihn zum Begehrtesten unter den Nordischen Rassen. Während dieser Zeit strömten Menschen aus ganz USA auf der Suche nach Gold nach Alaska. Erstmals wurde 1896 in Bonanza Creek am Klondike Gold entdeckt. Die Nachfrage nach dieser Rasse stieg immens und schnell war kein Malamute mehr zu bekommen.

Ein echtes Abenteuer

Das „Iditarod“, auch bekannt als das „Letzte große Rennen“ findet jedes Jahr Anfang März statt. Das Rennen führt von Anchorage nach Nome über eine Distanz von mehr als 1 000 Meilen.

Wenn die Musher (Schlittenhundführer) der Goldgräberzeit nicht gerade nach Reichtum Ausschau hielten, war es ihr liebster Zeitvertreib, Schlittenhundrennen zu betreiben. Dieser Rennsport wurde schnell der Sport schlechthin. Es war sehr beliebt, in den Bars der Städte mit Geld auf den Ausgang der Rennen zu wetten. So wurde 1908 der Nome Kennel Club gegründet. Diese Organisation war für die Durchführung eines 408 Meilen langen Schlittenhundrennens durch Alaska – dem „All-Alaska-Sweepstake" – verantwortlich. Menschen aus ganz Alaska und den benachbarten Gebieten packten ihre Schlitten und die schnellsten Hunde, die sie finden konnten, zusammen, um an diesen Rennen teilzunehmen. Den Gewinnern dieser abenteuerlichen Veranstaltungen waren außerordentliche Anerkennung und ein Preisgeld sicher, und sie wurden sofort innerhalb und außerhalb der Region berühmt.

Ganz ähnlich der heutigen Anerkennung und Berühmtheit guter Sportler waren auch die damaligen Stars der Schlittenhundrennen in Alaska und den USA sehr bekannt. Scotty Allen, John Johnson und Leonhard Seppala waren nur einige der besten Musher und Trainer dieser Zeit. Scotty Allen war für den Sport besonders wichtig. Er war an der Organisation des ersten offiziellen Schlittenhundrennens, des „All-Alaska-Sweepstakes", beteiligt.

Wussten Sie schon?

Die Nordischen Rassen sind in verschiedene Kategorien unterteilt: Nordische Hütehunde, Nordische Jagdhunde, Japanische Nordische Hunde und Nordische Schlittenhunde. Der Alaskan Malamute gehört neben dem Siberian Husky, Samojeden und Grönländer zu den Schlittenhunden. Alle diese Rassen gehören zur FCI-Gruppe 5: Spitze und Hunde vom Urtyp.

Die Verbreitung und Anerkennung der Rasse

Die Byrd-Expedition, die von E. Byrd geleitet wurde, war eine der größten geologischen Schlittenhundexpeditionen des frühen zwanzigsten Jahrhunderts. Byrd war ein Luftwaffenoffizier der Marine und sehr daran interessiert, als erster Mensch den Südpol zu überfliegen. Dazu brauchte er eine Gruppe Schlittenhundeteams, um seine Ausrüstung neun Meilen weit durch eisiges Terrain zu transportieren. Arthur Walden war der Leiter der Schlittenhundeführer in Byrds Team, und es wurden für diese Aufgabe von überall her viele Top-Hunde herbeigeholt. Die Hunde transportierten Futter, Kohle und andere wichtige Ausrüstungsgegenstände der Geologen und der Expeditionsteilnehmer. Byrds Reise war insgesamt 1600 Meilen lang, und er wurde bei seiner Rückkehr herzlich empfangen. Diese Expedtion, der noch viele folgen sollten, trug weiter zur Bekanntheit der Rasse bei. Einige Jahre später startete Admiral Byrd eine weitere Expedition in die Antarktis. Und wieder wollte er den größten Teil der Reise selbst bewältigen; der Zweck war ähnlich dem der ersten Expedition: wissenschaftliche Untersuchungen und die Beobachtung des antarktischen Wettergeschehens. Zum Leiter der Schlittenhundführer wurde Captain Michael Innes-Taylor bestimmt.

Es dauerte nicht lange, bis die guten Eigenschaften des Alaskan Malamute und sein wachsender Bekanntheitsgrad eine starke Nachfrage auslösten und so am Ende auch zur Verbreitung außerhalb der arktischen Regionen führte.

Während des Ersten Weltkriegs benötigte die französische Regierung dringend Unterstützung für ihre Truppen, die gegen Deutschland kämpften. Die Truppen waren durch schlechtes Wetter von der Versorgung abgeschnitten und unfähig, die dringend benötigten Hilfsmittel zu beschaffen. In ihrer Verzweiflung bat Frankreich den Nome Kennel Club um Unterstützung. Der Nome Kennel Club entsandte daraufhin zur Unterstützung 450 Alaskan Malamutes samt Schlitten und notwendiger Ausrüstung.

Ungefähr zur gleichen Zeit entstanden in den USA Pläne für das erste internationale Schlittenhundrennen.

Während die Eskimos den Alaskan Malamute züchteten, entstand bei den Tschuktschen der Siberian Husky. Er ist deutlich kleiner und feinknochiger.

Es fand 1922 im Staat New Hampshire statt und erregte weltweite Aufmerksamkeit. Es war so populär, dass viele der Meinung sind, dies habe die Reinzucht der beiden Rassen Alaskan Malamute und Siberian Husky grundlegend beeinflusst.
Gewonnen wurde das Rennen von Arthur Walden, der später der erste Präsident des New England Sled Dog Club wurde.
Im Jahr 1925 wurden die Alaskan Malamutes einmal mehr um Hilfe gebeten, diesmal von der Kleinstadt Nome in Alaska. Die Schlittenhunde wurden gebraucht, um ein Serum gegen die Diphterie, an der in dieser Gegend sehr viele Menschen erkrankt waren, dorthin zu transportieren. Die gut 600 Meilen lange Route führte von Nenana nach Nome. Seppala und sein Leithund Togo bewältigten den größten Teil dieser langen, anspruchsvollen Strecke. Aber auch ein Gentleman namens Gunnar Kassen und sein Alaskan Malamute Leithund Balto trugen viel zum Gelingen dieses Unternehmens bei. Noch heute steht im Central Park von New York eine Statue von Balto zu Ehren dieses Teams für seine große Leistung während des Serumtransports.

Die Anerkennung der Rasse in den Vereinigten Staaten

1935 erkannte der American Kennel Club als erster den Alaskan Malamute offiziell an. Am 17. April 1935 wurde der Alaskan Malamute Club mit Milton Seeley als erstem Präsident gegründet. Milton und seine Frau Eva kamen über den berühmten Musher Arthur Walden zu dieser Rasse und wurden schnell zu leidenschaftlichen Anhängern dieser Hunde. Sie übernahmen 1931 von Kate und Arthur Walden den Zwinger „Chinook“, und fortan bestimmten der Alaskan Malamute und der Siberian Husky ihr Leben. Die Waldens und die Seeleys wurden enge Freunde, was für die Entwicklung und Verbreitung der Rasse, wie wir sie heute kennen, entscheidend war.
Die Seeleys waren Züchter und Besitzer des ersten Alaskan Malamute Champions beim American Kennel Club. Dieser Hund war auch der erste im AKC registrierte Malamute. Sein Name war Ch. Gripp of Yukon. Zu dieser Zeit waren noch zwei andere Hunde registriert: Rowdy of Nome und Taku of Kotzebue. Zu Anfang wurden auch Hunde mit unbekannter Herkunft zur Registrierung zugelassen, vorausgesetzt, sie konnten die geforderten Punkte auf Hundeschauen sammeln. Diese Bestimmung wurde später dahingehend geändert, dass nicht registrierte Hunde nur dann zur Zucht verwendet werden durften, wenn sie einen Championtitel gewinnen konnten. Ch. Kim of Kotzebue, im Besitz von Art und Natalie Hogdens, war 1944 der zweite Hund, der seinen Championtitel gewann.
Während der fünfziger Jahre hatten die Seeleys mit ihrem angesehenen Zwinger „Kotzebue“ großen Einfluss auf den Alaskan Malamute.

Admiral Byrds Expedition bestand zum großen Teil aus ihren Hunden, und auch in beiden Weltkriegen wurden sie für den Transport von Versorgungsgütern und als Such- und Rettungshunde eingesetzt. Da ist es selbstverständlich, dass die Rasse an Wert gewann.

Die Zeit nach dem Zweiten Weltkrieg

Nach dem Zweiten Weltkrieg tauchten verschiedene Züchter auf, die mit ihrem eigenen Zuchtstamm die Entwicklung der Rasse mit beeinflussten. Paul Voelker mit seinem Zwinger „M`loot" war einer der einflussreichen Züchter. Einer seiner berühmtesten Hunde war Gentleman Jim, der im Zweiten Weltkrieg diente und dem in der Hall of Working Fame gedacht wird. Gentleman Jim war in vielen frühen Ahnentafeln von Alaskan Malamutes vertreten. Voelkers Zucht wurde weltberühmt für seine erstklassigen Schlittenhunde, und viele andere Züchter bauten ihre Zucht auf M`loot-Blutlinien auf.
Weitere einflussreiche Hunde stammten aus Husky-Pak-, Red Horse- und Hinman-Irwin-Linien und wurden wichtige Vertreter der Zuchtbasis. Der bekannteste Deckrüde der Rasse wurde Toro of Bras Coupé.

Der Alaskan Malamute in Großbritannien

Im Vergleich zu anderen europäischen Ländern bestand in England keine große Nachfrage nach Alaskan Malamutes. Die ersten Malamutes wurden erst 1959 importiert. William und Barbara Preston aus den USA brachten zwei Hündinnen und einen Rüden nach England. Diese Hunde waren Pawnee Flash of North Wind, Preston`s Cheechako und seine Tochter.
Erst 1964 wurde in England der Alaskan Malamute Club gegründet. Zu Anfang hatte er nur rund hundert Mitglieder, doch ist ihre Zahl seit Gründung beständig gestiegen. Einige bedeutende Importe waren der Can.Ch. Malnorska`s Danikka of Highnoon, der AM.Ch. Fire`n `Ice in Conclusion CD und in jüngster Zeit der Can. Ch. Oopik`s Winter Excellence, der als erster Malamute in einer Gebrauchshundeklasse gewonnen hat und als erster „Best in Show" wurde. Das war in England für diese Rasse ein beachtlicher Erfolg.

Die weltweite Beliebtheit dieser Rasse

Der Alaskan Malamute wurde in vielen Regionen der Welt beliebt. Länder wie Kanada, England, Belgien, Frankreich, Deutschland, Skandinavien, die Niederlande, Italien und neuerdings auch die östlichen Länder schätzten seine Fähigkeiten als Schlitten- und Gebrauchshund. In einigen Ländern finden jedes Wochenende Schlittenhundrennen statt und sie sind ein beliebter und wichtiger Zeitvertreib.

Die Charaktereigenschaften des Alaskan Malamute

Ist ein Alaskan Malamute der richtige Hund für Sie?

Es ist nicht leicht, herauszufinden, welche Rasse am besten für einen geeignet ist. Hundebesitzer zu sein ist eine ungeheuer große Verpflichtung, und diese wichtige Entscheidung muss sehr gewissenhaft bedacht werden. Der Alaskan Malamute kann eine wundervolle Bereicherung der Familie sein, wenn beider Lebensstil gut zueinander passt. Vor Ihrer Entscheidung für einen Malamute als Rasse Ihrer Wahl sollten Sie sich den ursprünglichen Verwendungszweck deutlich vor Augen führen. Der Alaskan Malamute wurde zu allererst dafür gezüchtet, schwere Schlitten bei widrigster Witterung zu ziehen. Diese Aufgabe erforderte einen kräftigen, intelligenten, eigenwilligen und treuen Hund. All diese Eigenschaften werden sich auch in seinem Verhalten in Ihrem Lebensbereich widerspiegeln; und das muss ernsthaft berücksichtigt und sorgfältig bedacht werden.

Der Alaskan Malamute hat eine unglaubliche Energie und muss täglich durch eine geeignete Beschäftigung ausgelastet werden. Diese Rasse braucht eine Menge Bewegung im Freien bei jedem Wetter und muss auf jeden Fall sowohl körperlich wie auch geistig gefordert werden. Der Malamute muss rennen und spielen können sowie beschäftigt werden. Ein gelangweilter, unterforderter Alaskan Malamute kann sich im Nu in den schlimmsten Albtraum seines Besitzers verwandeln!

Wer den ganzen Tag arbeitet und abends meistens ausgeht, sollte sich lieber keinen Malamute zulegen. Beantworten Sie die folgenden Fragen ehrlich: Haben Sie einen großen eingezäunten Garten oder Ähnliches, damit sich Ihr Malamute bewegen kann? Haben Sie die Zeit, um Ihrem Hund auf langen Märschen im Grünen bei jedem Wetter die nötige Bewegung zu verschaffen?

Der Alaskan Malamute ist eine vielseitige Gebrauchshunderasse. Erstbesitzer freuen sich, wenn sie erfahren, an wie vielen Aktivitäten sie mit dieser Rasse teilnehmen können.

Wussten Sie schon?

Im Zweiten Weltkrieg wurden Alaskan Malamutes in der Armee der USA in unwegsamen Gelände häufig zum Tragen von Waffen und Maschinengewehrteilen eingesetzt. Außerdem wurden sie in der Verteidigung und als Such- und Rettungshunde gebraucht. Sie waren schneller und agiler als die Bernhardiner und konnten extreme Kälte besser ertragen.

Ein Alaskan Malamute und ein Staffordshire als Begleiter, Beschützer und zum Streicheln. Als ausgesprochene Rudelhunde vertragen sich Malamutes gut mit anderen Hunden, vorausgesetzt sie wurden gut sozialisiert und aneinander gewöhnt.

Bei Longtrail-Schlittenhundrennen und -touren zeigen sie große Ausdauer. Sie messen sich beim Lastenziehen, nehmen an Hundeschauen, Agilitywettkämpfen und Begleithundausbildungen teil. Sie haben sich auch als Such- und Rettungshunde bewährt. Egal, wofür Sie sich interessieren, Sie finden sicher eine Beschäftigung, die Ihnen beiden Spaß macht.

Malamutes sind freundliche, verspielte, menschenzugewandte und intelligente Begleiter, die sich vielen Lebensumständen anpassen, aber manchmal auch stur sind. Sie lieben Erwachsene und Kinder, schätzen aber gleichzeitig ihre Unabhängigkeit. Die Haltung des Malamutes erfordert viel Zeit, Energie und die Fähigkeit ein überzeugender Rudelführer zu sein. Und zwar vom Welpenalter an und besonders in ihren Jugendjahren. Wenn Sie nicht ständig Hundehaare in der Wohnung haben wollen, ist es wohl nicht die richtige Rasse. Dabei ist tägliches Bürsten nur während des Haarwechsels notwendig. Berücksichtigt werden sollte auch, ob ein Familienmitglied gegen Hundehaare allergisch ist.

Alaskan Malamutes sind wunderbare Familienhunde. Leben jedoch kleinere Kinder in der Familie, sollte man vorsichtig sein. Ein junger Malamute kann ein kleines Kind in spielerischer Absicht leicht umwerfen. Deshalb sollte er im Umgang mit Kindern gut im Auge behalten werden. Malamute-Welpen können recht unbeholfen sein. Sie wachsen schnell heran und können jemanden, der mit ihrer tolpatschigen Natur nicht zurechtkommt, leicht überfordern. Haben Sie sich für einen Alaskan Malamute entschieden, sollten Sie sich darüber Gedanken machen, welchen Typ sie möchten und woher Sie einen guten Hund bekommen. Da gibt es einiges zu bedenken, bevor Sie sich endgültig entscheiden: An welchen Aktivitäten möchten Sie mit dem Hund teilnehmen? Wie sind Ihre individuellen Bedürfnisse oder die Ihrer Familie? Warum

Alaskan Malamutes haben ein dickes, hartes Deckhaar und eine warme dichte Unterwolle, was für den Schutz vor der Kälte absolut notwendig ist. Dieses besondere Fell sorgt für eine vollkommene Isolierung.

Wahre Energiebündel

Alaskan Malamute-Welpen können sehr liebenswert und unterhaltsam sein. Gleichzeitig können sie jedoch, falls sie unbeaufsichtigt sind, sehr zerstörerisch sein. Sie sind voller Energie und brauchen deshalb viel Aufmerksamkeit und eine entsprechende Beschäftigung.

möchten Sie diesen Typ Hund? Wenn Sie diese Fragen ehrlich beantworten können und eine realistische Einschätzung davon haben, was Sie von einem Hund erwarten, erleichtert das die Suche nach dem geeigneten Züchter und Ihrem Traumhund.

Die Gesundheit des Alaskan Malamute

Wir haben schon von der Stärke, der Ausdauer und der Widerstandsfähigkeit des Alaskan Malamute gehört. Um unter den rauhen Wetterbedingungen zu überleben und den hohen Anforderungen eines verlässlichen Arbeitshundes zu entsprechen, musste diese Rasse gesund sein. Dennoch gibt es ein paar erbliche Gesundheitsprobleme. Für den Besitzer ist es sehr wichtig zu wissen, wie er diese möglichen Probleme vermeiden und erkennen kann. Besitzer und Züchter müssen nicht nur wissen, welche Krankheiten diese Rasse befallen können, sondern auch mit den Symptomen und Erbgängen der einzelnen Krankheitsbildern vertraut sein. Um die Rasse gesund zu erhalten, ist es wichtig, dass auch in Zukunft die Leistungsfähigkeit der Hunde oberste Priorität in der Zucht hat.

Achondroplasie

Achondroplasie ist eine Erbkrankheit, die gelegentlich beim Alaskan Malamute auftritt. Befallene Hunde haben von klein an deformierte Gliedmaßen. Die Vorderbeine sind verkürzt und gebogen. Veterinärmedizinische Forschungsinstitute haben zusammen mit Alaskan Malamute Clubs und anderen Organisationen viel Zeit investiert, um das Gen, das diese Krankheit verursacht, zu eliminieren. Verantwortungsvolle Züchter nehmen befallene Hunde – Eltern und Nachkommen – aus der Zucht.

Um gesund zu bleiben, braucht der Malamute viel Bewegung im Freien. Besitzer müssen viel Zeit und Raum für die tägliche Beschäftigung Ihres Hundes aufbringen.

Hüft- und Ellenbogendysplasie

Hüft- und Ellenbogendysplasien sind bei großen Rassen relativ verbreitet. Sie treten auch beim Malamute auf. Im schlimmsten Fall sind Hüftpfan-

Wussten Sie schon?

Obwohl der Alaskan Malamute extremes Winterwetter aushält, kann er als sehr anpassungsfähige Rasse auch in unseren Breiten unter Berücksichtigung seiner rassespezifischen Bedürfnisse problemlos gehalten werden. Auch in Alaska ist es im Sommer für kurze Zeit sehr heiß. Ein Hund für die Großstadt ist dieser Naturbursche aber nicht.

ne und Gelenkkopf anormal ausgebildet und passen nicht ineinander. Ein Hinweis darauf, dass diese Entwicklungsstörungen vorliegt, ist eine plötzliche Lahmheit, Steifheit oder das Ausdrehen der Hinterbeine.
Für Hunde aus dem Verband für das Deutsche Hundewesen e.V. (VDH) ist vor der Zuchtverwendung eine Röntgenuntersuchung vorgeschrieben, um diese Krankheiten festzustellen.

PRA

Die PRA (Progressive Retina Atrophie) ist eine Degeneration der Netzhaut. Zuerst tritt gewöhnlich eine Nachtblindheit auf, die dann meist zur totalen Erblindung des Hundes führt. Die PRA kann durch eine spezielle augenärztliche Untersuchung diagnostiziert werden, aber leider erst, wenn bereits Symptome erkennbar sind. Es gibt keine Behandlungsmöglichkeit, deshalb müssen befallene Hunde aus der Zucht genommen werden. Im VDH ist eine Untersuchung alle zwei Jahre auf erbliche Defekte vorgeschrieben.

Magendrehung

Viele große Rassen mit tiefem Brustkorb, zu denen auch der Alaskan Malamute zählt, sind anfällig für die Magendrehung. Es handelt sich um einen lebensbedrohlichen Zustand, und die meisten Hunde sterben daran. Der

Alaskan Malamutes sind sehr freundliche Hunde, die positiv auf die liebevolle Zuwendung ihres Besitzers reagieren.

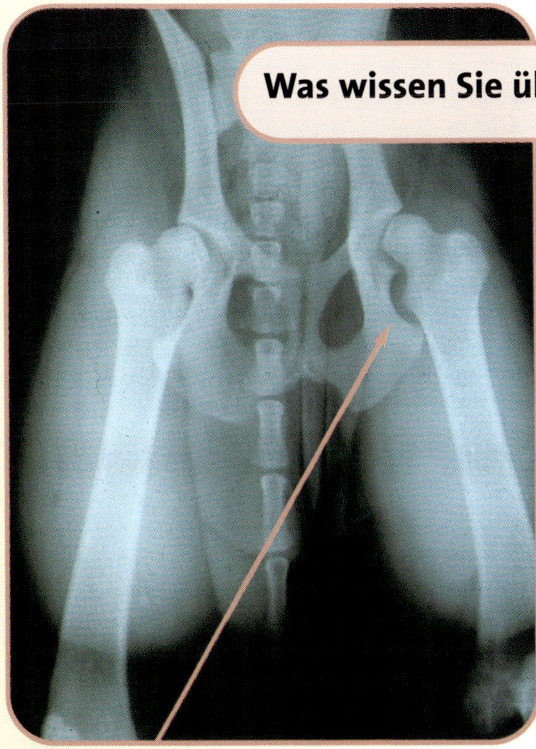

Was wissen Sie über Hüftgelenksdysplasie?

Die Hüftgelenksdysplasie (HD) kommt bei Rassehunden relativ häufig vor. Bei einem Hund mit HD sind ein oder beide Hüftgelenke der Hinterbeine deformiert. Durch die dauernde Belastung lockert sich das Gelenk mehr und mehr und nutzt sich unnormal ab, so dass auch eine Arthritis oder Arthrose entstehen kann.

Die HD kann nur anhand von Röntgenaufnahmen diagnostiziert werden, aber bestimmte Symptome können ein Hinweis darauf sein. Ihr Hund könnte an dieser Krankheit leiden, wenn er sich auf eigentümliche Art bewegt, anstatt fließend zu rennen hüpft, beide Hinterbeine im Einklang benutzt (um den Druck auf das schwache Gelenk zu vermindern), Probleme beim Aufstehen hat und beim Sitzen stets beide Hinterbeine auf einer Körperseite hat.

Die HD-Befunde werden, je nach Grad der Ausprägung, in fünf Stufen eingeteilt: frei, verdächtig, leicht, mittel und schwer. Je nach Art der Fehlstellung und der Ausprägung kann der Hund in leichteren Fällen beschwerdefrei leben, allerdings unter Vermeidung bestimmter Belastungen. In sehr schweren Fällen kann die HD bereits beim Junghund sichtbare Beschwerden verursachen.

Manche Experten sind der Meinung, dass die HD durch eine bestimmte Diät günstig beeinflusst werden kann. In schweren Fällen bleibt nur eine Operation. Hier gibt es je nach Krankheitsbild verschiedene Möglichkeiten von der Durchtrennung eines bestimmten Muskels bis hin zum Einsatz eines künstlichen Hüftgelenks. Lassen Sie sich von einem versierten Tierarzt beraten.

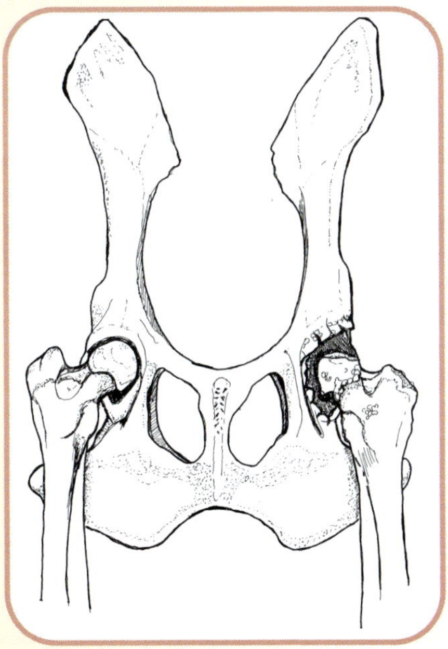

Bei der Hüftgelenksdysplasie kommt es durch den schlechten Sitz der Gelenkkugel in der Gelenkpfanne zu schweren Abnutzungserscheinungen. Das ist zweifellos das häufigste Hüftproblem bei größeren Hunden. Die Abbildung zeigt links ein gesundes, rechts ein deformiertes Gelenk.

Alaskan Malamutes kommen normalerweise gut mit Kindern aus. Trotzdem und auch, weil sie sehr massig sind, sollten Hund und Kind nie unbeaufsichtigt bleiben.

Hundemagen füllt sich dabei mit Gas und Flüssigkeit und dreht sich. Dabei werden die Blutgefäße des Magens abgeschnürt und der Magen schwillt stark an. Das Verschlingen großer Futtermengen wirkt sich negativ aus. Deshalb ist es günstig, die tägliche Futterration auf zwei kleinere Mahlzeiten zu verteilen und den Hund vor dem Fressen zur Ruhe kommen zu lassen.

Achten Sie drauf!

Die Pfoten des Alaskan Malamute haben einen dichten Pelz zwischen ihren dick gepolsterten Zehen. Dieser Pelz erlaubt es ihnen, lange Zeit im Schnee zu stehen. Achten Sie bei Wettkämpfen immer darauf, dass sich zwischen den Zehen keine Eisklumpen sammeln und den Hund behindern.

Schilddrüsenunterfunktion

Auch eine Schilddrüsenunterfunktion kommt beim Malamute häufig vor. Die bekanntesten Symptome sind Lethargie und immer wiederkehrende Infektionen. Haarausfall und Entzündungen der Haut können ebenfalls auftreten. Da viele Medikamente und Krankheiten den Schilddrüsenhormonspiegel im Blut beeinflussen können, ist eine Unterfunktion eine der am schwierigsten zu diagnostizierenden inneren Krankheiten. Einmal erkannt, ist sie jedoch glücklicherweise einfach durch Medikamente zu behandeln. Um einen möglichst vitalen Malamute zu bekommen, ist die sorgfältige Wahl des Züchters besonders wichtig. Die international anerkannten Zuchtverbände im In- und Ausland haben strenge Auflagen für Zuchthunde, was sich positiv auf die Nachkommen auswirkt. Sind die Vorfahren Ihres Welpen noch richtige Arbeitshunde, ist dies ein weiterer positiver Aspekt. Allerdings braucht ein solcher auf Leistung gezüchteter Malamute mehr Beschäftigung als einer aus einer reinen Show-Linie.

Rettungshund?

Der Alaskan Malamute ist auch als Rettungs- und Suchhund geeignet, was bei uns weniger bekannt ist. Sein besonders dichtes Fell ermöglicht es ihm, auch unter harten Witterungsbedingungen und im Schnee noch stundenlang bei der Suche nach eventuell verschütteten Opfern zu helfen.

Im Idealfall wird der Malamute-Welpe bereits beim Züchter mit Kindern sozialisiert. Es ist schön, wenn sie gemeinsam aufwachsen und lernen, sich gegenseitig zu verstehen.

Der Rassestandard des Alaskan Malamute

Ein Rassestandard wird von einem Rassezuchtverband aufgestellt und beschreibt genau, wie ein Hund einer bestimmten Rasse im Idealfall sein sollte. Er stellt die offizielle Beschreibung einer Rasse dar. Der Standard beschreibt die typischen Eigenschaften einer Rasse und legt fest, welche Merkmale noch akzeptabel sind und was fehlerhaft ist. Sowohl Züchter als auch Besitzer und Richter nutzen den Standard, um die Hunde individuell zu bewerten. Ohne offiziellen Standard als Grundlage wäre es unmöglich, Fehler und positive Merkmale eines Hundes zu erkennen.

Rassestandards verändern sich im Lauf der Zeit, doch die Ursprungsclubs und Organisationen tun ihr Bestes, um die für die Leistungsfähigkeit der Rasse wichtigen Merkmale zu bewahren. Es ist ganz normal, dass die Standards von verschiedenen Personen unterschiedlich ausgelegt werden. Das ist auch notwendig, um die Ausgewogenheit der Rasse zu bewahren. Das Wichtigste aber, was Züchter, Richter und Besitzer bei der Haltung und Zucht

Der Rassestandard beschreibt den Alaskan Malamute als liebevollen, freundlichen und treuen Hund, eine treffende Schilderung dieses perfekten und ansehnlichen Begleiters. Auf dem Foto ist ein langhaariger Malamute, ein sogenannter Wooly, abgebildet. Das lange Fell ist zuchtausschließend!

niemals aus den Augen verlieren dürfen, ist die ursprüngliche Leistungsfähigkeit und Gesundheit ihrer Rasse.

Aus dem offiziellen FCI-Rassestandard für den Alaskan Malamute

Allgemeine Erscheinung
Der Alaskan Malamute ist einer der ältesten Schlittenhunde der Arktis. Er hat kräftige Knochen, ein substanzvolles Gebäude mit tiefem Brustkorb und kräftigem, gut bemuskeltem Körper, er ist niemals kurzbeinig.

Verhalten und Wesen
Der Alaskan Malamute ist ein anhänglicher, freundlicher Hund, kein „Ein-Mann-Hund". Er ist ein treuer, ergebener Begleiter, verspielt, wenn er dazu aufgefordert wird; vor allem beeindruckt er aber durch seine Würde, wenn er ausgewachsen ist.

Kopf
Breit und tief, weder grob noch unförmig; seine Größe steht in gutem Verhältnis zur Gesamtgröße des Hundes. Sein Ausdruck ist freundlich und zeigt seine liebevolle Veranlagung.

Oberkopf
Schädel breit und mäßig gewölbt zwischen den Ohren, zu den Augen hin mäßig schmaler und im oberen Bereich flacher werdend, zu den Wangen hin in einer Rundung verlaufend. Zwischen den Augen ist eine leichte Furche. Stop sehr leicht, aber erkennbar.

Gesichtsschädel
Fang groß und massig im Verhältnis zum Schädel; er verjüngt sich leicht vom Ansatz zur Nase hin in Breite und Tiefe. Lefzen straff anliegend.

Kiefer und Zähne
Breite Kiefer mit großen Zähnen, vollständiges Scherengebiss.

Backen
Mäßig abgeflacht.

Augen
Schräg eingesetzt, braun, mandelförmig und von mittlerer Größe. Blaue Augen sind ein ausschließender Fehler. Dunkle Augen werden bevorzugt.

Ohren
Mittelgroß, jedoch klein im Verhältnis zur Größe des Kopfes. Sie haben die Form eines Dreiecks mit leicht abgerundeter Spitze. Sie stehen weit voneinander, am hinteren Schädelbereich angesetzt, so dass sie vom Schädel abstehen. Die aufgerichteten Ohren weisen leicht nach vorn, aber wenn der Hund arbeitet, werden sie manchmal zum Schädel hin gefaltet.

Hals
Kräftig und mäßig gebogen.

Körper
Kompakt gebaut, wobei die Lendenpartie aber nicht zu kurz ist. Der Körper trägt kein Übergewicht, die Knochenstärke steht in gutem Verhältnis zur Körpergröße. Rücken in gerader Linie leicht zu den Hüften hin abfallend. Lenden fest und gut bemuskelt. Eine lange Lendenpartie, die den Rücken schwächen könnte, ist fehlerhaft. Brust gut entwickelt.

Rute
In Verlängerung der Wirbelsäule mäßig hoch angesetzt. Wenn der Hund nicht arbeitet, wird die Rute über dem Rücken getragen. Sie liegt weder flach auf dem Rücken auf, noch wird sie fest auf dem Rücken eingerollt getragen,

Zu kurze Beine.

Korrekter Körperbau, insgesamt etwas untrainiert.

noch ist sie so kurz behaart wie die eines Fuchses. Die Rute des Malamutes ist reich behaart und gleicht einem wedelnden Federbusch.

Vorderhand
Die Vorderläufe sind starkknochig und stark bemuskelt; sie sind von vorn gesehen bis hinunter zum Vordermittelfuß gerade. Schultern mäßig schräg gelagert. Vordermittelfuß kurz und kräftig, von der Seite gesehen fast senkrecht gestellt.

Hinterhand
Breit, kräftig bemuskelt. Von hinten gesehen stehen und bewegen sich die Hinterläufe auf einer Linie mit den Vorderläufen, weder zu eng, noch zu breit. Afterkrallen an den Hinterläufen unerwünscht. Oberschenkel sehr stark bemuskelt. Sprunggelenk mäßig gewinkelt, tief stehend.

Pfoten
Ähnlich einem „Schneeschuh", fest und tief, mit gut gepolsterten Ballen, fest und kompakt wirkend. Groß; die Zehen

Überrissene Rute.

Nicht zulässige eingerollt getragene Rute.

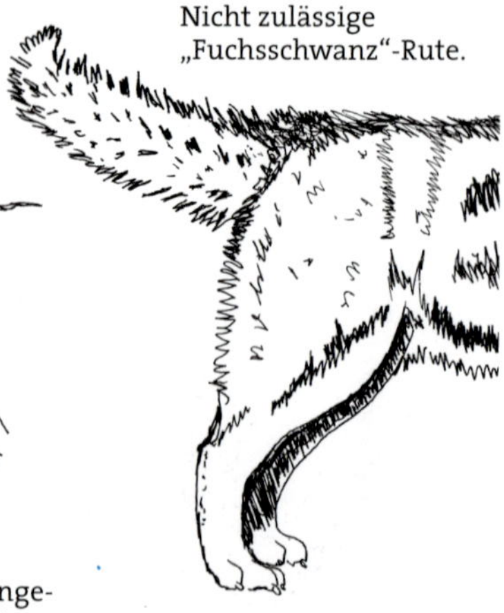

Nicht zulässige „Fuchsschwanz"-Rute.

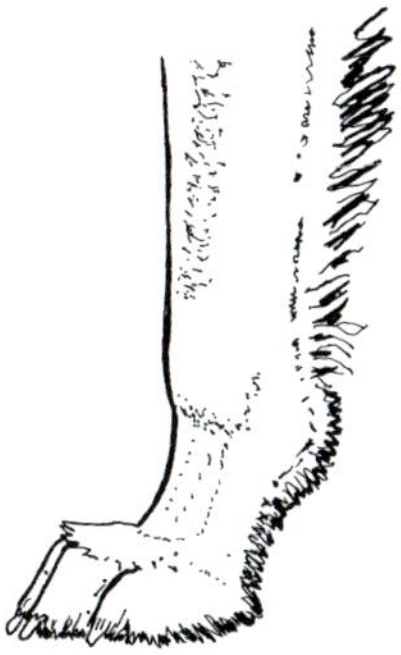

Korrekte Beine.

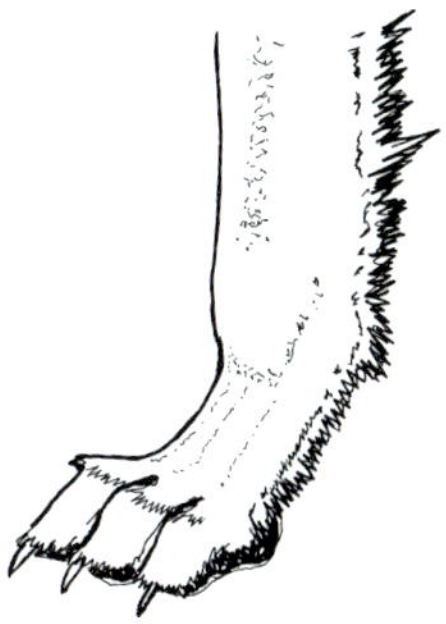

Schwacher Mittelfuß.

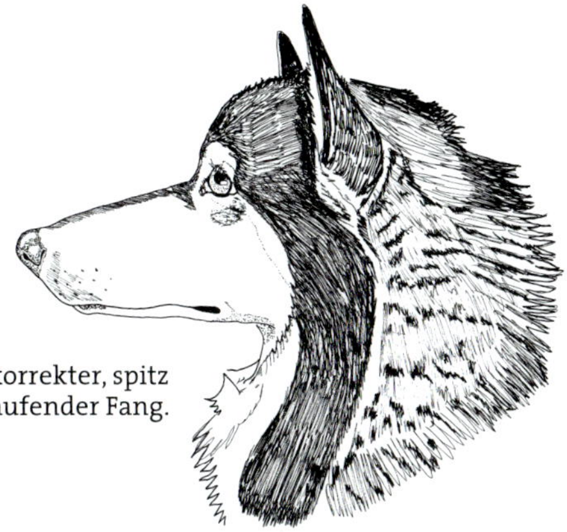

Unkorrekter, spitz zulaufender Fang.

Falscher Gesichtsausdruck, sieht wie ein Siberian Husky aus.

korrekter Fang mit gleichmäßiger Breite und Tiefe, aber zu starker Stop.

Ohren zu spitz.

Ohren zu nah beisammen.

Aussteller müssen ihren Hund im Ring im Trab vorführen, um dem Richter den Bewegungsablauf zu zeigen. Der Malamute sollte sich in jeder Gangart weder zu eng, noch zu breit bewegen.

liegen eng beieinander und sind gut gebogen. Zwischen den Zehen wächst schützendes Haar. Die Ballen sind dick und strapazierfähig, die Zehennägel kurz und kräftig.

Gangwerk

Die Bewegung des Malamute ist gleichmäßig, harmonisch und kraftvoll. Er ist behende für seine Größe und seinen Körperbau. Von der Seite gesehen lässt die Hinterhand starken Schub erkennen. Von vorn oder hinten gesehen bewegen sich die Läufe geradlinig vorwärts, weder zu eng, noch zu breit. Im schnellen Trab nähert sich die Trittspur der gedachten Mittellinie des Körpers.

Haarkleid

Der Malamute hat dickes, rauhes – keinesfalls langes weiches – Deckhaar. Die Unterwolle ist dicht, ca. 2,5 bis 5 cm lang, ölig und wollig. Es ist relativ kurz bis mittellang an den Körperseiten, während es um Hals und Schultern, den Rücken hinunter, über die Kruppe, an den Hinterseiten der Oberschenkel und an der buschigen Rute länger ist. Während der Sommermonate haben Malamutes gewöhnlich kürzeres, weniger dichtes Haar. Der Malamute wird in natürlichem Haarkleid gezeigt.

Farbe

Die üblichen Farben sind Hellgrau bis Schwarz mit allen Zwischenschattierungen und Sable einschließlich dessen zum Rot tendierender Schattierung. Weiß ist stets die vorherrschende Farbe an Unterkörper, Teilen der Läufe, den Pfoten und der Gesichtszeichnung. Eine weiße Blesse auf der Stirn ein Kragen oder ein Fleck auf dem Nacken sind attraktiv und

zulässig. Der Körper hat eine Mantelzeichnung. Unterbrochene Farben, die sich über den Körper erstrecken, oder eine ungleichmäßige Sprenkelung sind unerwünscht.

Bei allen Farbschlägen, außer bei Rot, sind Nase, Lefzen und Lidränder schwarz pigmentiert. Bei roten Hunden ist eine braune Pigmentierung zugelassen. Eine mit einem helleren Streifen versehene „Schneenase" ist annehmbar. Einzig zugelassene einheitliche Farbe ist weiß.

Größe und Gewicht

Rüden: 63,5 cm Widerristhöhe bei einem Gewicht von 38 kg. Hünndinnen: 58,5 cm bei 34 kg. Die Bedeutung der Größe sollte jedoch nicht über anderen funktional wichtigen Merkmalen stehen.

Fehler

Jede Abweichung von den vorgenannten Punkten muss als Fehler gesehen werden, dessen Bewertung in genauem Verhältnis zum Grad der Abweichung stehen sollte.

Anmerkung

Rüden müssen zwei offensichtlich normal entwickelte Hoden aufweisen, die sich vollständig im Hodensack befinden.

Für jeden Züchter ist der Standard die Richtschnur für seine Hunde. Erfahrene Züchter versuchen mit jedem Wurf gezielt, diesem Standard immer näher zu kommen.

Ihr Alaskan Malamute als Welpe

Wo fangen wir an?

Falls Sie zu dem Schluss gekommen sind, dass ein Alaskan Malamute der richtige Hund für Sie ist, geht es nun darum zu erfahren, wo Sie einen Welpen finden und was desweiteren zu tun ist. Einen Wurf Malamutes zu finden, dürfte für einen Interessenten kein Problem sein. Fragen Sie beim Zuchtverband nach Züchtern in Ihrer Gegend, die gerade Würfe haben oder planen. Sie sollten nach einem Züchter suchen, der über ein umfassendes Hundefachwissen verfügt und sich der Rasse eng verpflichtet fühlt. Als Neubesitzer werden Sie viele Fragen haben. Ein solider Züchter wird Ihnen Ihre unzähligen Fragen gern beantwortet und Sie mit dem Alaskan Malamute vertraut machen. Außerdem wird er Ihnen den Welpen nur dann verkaufen, wenn er davon überzeugt ist, dass Sie der geeignete Besitzer für seine Hunde sind. Ein solcher Züchter wird jederzeit ein offenes Ohr für Ihre Fragen haben. Und sollten Sie feststellen, dass der Malamute doch nicht der richtige Hund für Sie ist, wird er den Welpen wieder zurücknehmen.

Bei der Auswahl des richtigen Züchters sollte sein guter Ruf auf jeden Fall wichtiger sein, als die Entfernung von Ihrem Wohnort. Lassen Sie sich nicht von Züchtern blenden, die in Zeitungsinseraten mit ihren Champions und Arbeitslinien prahlen. Viele gute Züchter sind hier eher zurückhaltend. Von ihnen erfährt man durch Mundpropaganda auf Ausstellungen,

Gut überlegen!

Kaufen Sie einen Welpen, ohne sich vorher über Ihre Verantwortung im Klaren zu sein, ist es letztlich immer der Welpe, der leidet, wenn er wieder abgeschafft oder von seinem frustrierten Besitzer in einem Zwinger untergebracht wird. Alle Vorbereitungen für den Einzug des Welpen in Ihr Heim kommen deshalb beiden Seiten zugute. Je besser Sie darüber informiert sind, was Sie erwarten wird, und je besser Sie ausgestattet sind, um so besser werden Sie mit den Höhen und Tiefen bei der Aufzucht Ihres Welpen zurecht kommen. Jedes Familienmitglied sollte möglichst seinen Beitrag bei der Aufzucht und Pflege leisten. Die Aussicht darauf, einen Welpen zu kaufen, führt oft zu vielen Versprechungen seitens der Familienmitglieder: „Ich gehe jeden Tag mit ihm spazieren“, „Ich werde ihn füttern“, „Ich werde dies und das tun“. Es erfordert aber Zeit und Einsatz, dies in die Tat umzusetzen, und die Versprechungen sind schnell wieder vergessen, wenn der Reiz des Neuen verflogen ist.

Wettkämpfen oder Schlittenhundrennen. Wichtig ist, dass Sie den Züchter sehr sorgfältig aussuchen. Die Welpen und die Zuchthunde sollten unbedingt mit Familienanschluss und nicht ausschließlich im Zwinger gehalten werden. Wenn Ihr Malamute in erster Linie Familienhund sein soll, ist die frühe Sozialisation mit Menschen besonders wichtig.
Ein guter Züchter züchtet meist nur eine Rasse, hält nur wenige Hunde und zieht nicht mehrere Würfe zur gleichen Zeit auf. Er sollte gut über die Entwicklung und das Verhalten von Hunden und seiner Rasse im Speziellen Bescheid wissen und mit den rassetypischen Bedürfnissen und Eigenheiten bestens vertraut sein. Vorsicht vor unüberlegten Spontan- oder Mitleidskäufen!
Einen Züchter auszuwählen ist der erste wichtige Schritt auf dem Weg zum Hundebesitzer. Zum Glück liegt den meisten Malamute-Züchtern sehr viel an ihrer Rasse und ihrem Wohlergehen. Es kann leicht sein, dass der richtige Züchter in nicht allzu weiter Entfernung zu finden ist. Adressen von Züchtern im In- und Ausland erfahren Sie beim VDH und beim Deutschen Club für Nordische Hunde e. V. Interessenten sollten sich den Alaskan Malamute unbedingt in Aktion ansehen. Termine und Veranstaltungsorte von Schlittenhundrennen stehen in Fachzeitschriften und sind über den DCNH e. V. zu erfragen. Dort trifft man Züchter und Musher und bekommt Informationen aus erster Hand. Sprechen Sie die Malamute-

Einen guten Züchter zu finden ist nicht immer leicht. Beobachten Sie, wenn möglich, die Eltern oder das Rudel und lassen Sie sich von einem Experten helfen, wenn Sie sich ein Bild über die Gesundheit und das Aussehen des Hundes machen.

Besitzer jedoch nicht dann an, wenn sie gerade sehr mit den Hunden beschäftigt sind.
Wenn Sie dann einige Züchter gefunden haben, die Ihren Vorstellungen entsprechen, ist es Zeit diese – auch schon vor dem Wurf – aufzusuchen. Es kann sein, dass manche Züchter Wartelisten haben. Dabei ist es nicht ungewöhnlich, dass man auch länger auf einen Welpen warten muss. Sind Sie jedoch von dem Züchter überzeugt, lohnt sich das Warten, in der Hoffnung, bald an der Reihe zu sein! Besuchen Sie dennoch weitere Züchter und lernen Sie so noch mehr über den Malamute. Gehen Sie aber keine Kompromisse ein, nur weil Sie jetzt und sofort einen Welpen wollen. Erfahrungsgemäß rächt sich diese Entscheidung. Wenn Sie einen reinen Familienhund möchten, sollten Sie keinen Welpen aus einer „Arbeitslinie“ kaufen, die bekannt für ihre Leistungen vor dem Schlitten ist. Ein solcher Hund ist schnell unterfordert, was Probleme mit sich bringt. Hier wäre ein Hund aus einer „Schaulinie“ geeigneter, wobei diese Trennung nicht immer gelingt oder sinnvoll ist. Wer einen reinen Familienhund sucht,

sollte ganz besonders auf das Wesen achten. Wählen Sie einen freundlichen Welpen, der weder zu selbstbewusst, noch zu unterwürfig ist. Da Aussehen und Wesen bei dieser Rasse variieren, gibt es bei den Welpen

Das Wesen und die Persönlichkeit der Hündin beeinflussen auch die Welpen, da sie manches erben und manches auch nachahmen. Falls Ihnen die Hündin nicht zusagt, werden Ihnen auch die Welpen nicht gefallen.

Der richtige Welpe

Die Auswahl eines geeigneten Welpen hängt auch davon ab, was Sie später mit Ihrem Hund vorhaben. Wollen Sie Ihren Malamute als Familienhund halten, ohne Ambitionen einmal zu züchten oder erfolgreich auszustellen, können Sie beim Kauf auch einen Welpen nehmen, der den einen oder anderen äußerlichen, zuchtausschließenden Fehler hat. Kaufen Sie keinesfalls bei einem Züchter, der sich lediglich auf die Schönheit der Hunde konzentriert und das Wesen vernachlässigt.

unterschiedlichste Persönlichkeiten. Nehmen Sie keinen scheuen oder übermäßig aggressiven Welpen; auch der nervöse Alaskan Malamute-Welpe ist untypisch. Lassen Sie sich auch nicht von Ihren Gefühlen dazu hinreißen, den mickrigsten Welpen des Wurfes zu kaufen. Lassen Sie sich möglichst einen Entscheidungszeitraum von einer Woche geben.
Für welches Geschlecht Sie sich entscheiden, ist weitgehend eine Frage des persönlichen Geschmacks. Viele, die mit Alaskan Malamutes arbeiten, sind der Ansicht, dass Hündinnen schneller lernen und generell liebevoller und anhänglicher sind. Rüden sind oft eigenständiger und brauchen eine festere Hand.
Die Farbe ist bei dieser Rasse kein so wichtiger Aspekt. Welche Farbe Sie vorziehen, hängt von Ihrem Geschmack ab, sollte aber kein Entscheidungskriterium sein.
Alaskan Malamutes sind wunderschöne Hunde mit einer eindrucksvollen Zeichnung. Die Farbe sagt aber nichts über ihre Eignung als Familien- oder Gebrauchshund aus. Denken Sie daran, dass diese Rasse in erster Linie wegen ihrer Leistungsfähigkeit, nicht wegen der Schönheit gezüchtet wurde. Ihr schönes, schweres Haarkleid ist lebenswichtige Notwendigkeit für die klimatischen Bedingungen in ihrem ursprünglichen Lebensraum.
Im Allgemeinen kann man den Wurf eines Züchters im Alter von fünf oder sechs Wochen besuchen. An die neuen Besitzer werden die Welpen frühe-

Es ist nicht leicht, aus einem Wurf gut gezüchteter, gesunder und fröhlicher Malamute-Welpen einen auszuwählen, aber es ist einfacher, einen Familienhund auszusuchen, als einen Show- oder erst recht einen Zuchthund.

stens mit acht Wochen abgegeben. Züchter, die ihre Welpen früher abgeben, sind mehr am Geld als am Wohlergehen ihrer Welpen interessiert. Welpen lernen den Umgang miteinander bis zur achten Woche oder noch länger von ihrer Mutter. Halten Sie nur einen Hund, ist es nach Absprache mit dem Züchter vielleicht sogar sinnvoll, den Welpen erst nach der zehnten oder zwölften Woche abzuholen, damit er noch länger im sozialen Rudelverbund lebt und lernt. Besuchen Sie den Welpen in dieser Zeit aber häufig, damit er sich an Sie gewöhnt. Gute Züchter verbringen viel Zeit mit ihren tolpatschigen Malamute-Welpen, so dass sie in der Lage sind, mit dieser „fremden Spezies", dem Mensch, zu kommunizieren. Obwohl das Band zwischen Mensch und Hund von Natur aus da ist, muss es gepflegt werden. Ein gut gezüchteter, gut sozialisierter Alas-

Der gesunde Welpe

Ihr Welpe sollte gut genährt aussehen, aber keinen aufgetriebenen Bauch haben. Das könnte ein Zeichen für Wurmbefall oder falsche Fütterung oder beides sein. Der Körper sollte kompakt sein und sich fest anfühlen. Die Haut am Unterbauch muss blassrosa und sauber sein, ohne Zeichen von Kratzern (ausser sie sind eindeutig im Spiel entstanden) oder Hautausschlag. Kaufen Sie keinen kränkelnden Hund aus Mitleid, Sie werden es bereuen.

kan Malamute-Welpe wird nichts lieber tun wollen, als in Ihrer Nähe zu sein und ihnen zu gefallen.
Kontrollieren Sie das Gebiss des ausgewählten Welpen, um sicher zu sein, dass er weder einen Über-, noch einen Rückbiss hat. Der Welpe sollte gesund aussehen, und das sollte schon in frühem Alter zu erkennen sein. Bei einem Rüden müssen beide Hoden im Hodensack fühlbar sein.

Wichtige Papiere

Vom Züchter bekommen Sie drei wichtige Dokumente. Die Ahnentafel, den Kaufvertrag und den Impfpass. In der Ahnentafel finden Sie alle persönlichen Daten des Welpen. Sie gibt Ihnen unter anderem Aufschluss über die Vorfahren, deren HD- und andere Gesundheitsbefunde, sowie etwaige Leistungsprüfungen, Wurfstärke, Wurfdatum, Zuchtbuchnummer, Züchter, Zwingername, zuchtausschließende Fehler und anderes.
Auf den Ahnentafeln FCI-anerkannter Zuchten finden Sie das Logo der FCI, des VDH oder das des entsprechenden ausländischen Verbands, sowie den jeweiligen Malamute-Zuchtverein. Die Ahnentafel wird oft nachgereicht, eine vorläufige sollten Sie aber vor dem Kauf zu sehen bekommen.
Der Kaufvertrag regelt den Kaufpreis und eventuelle Verpflichtung zu Untersuchungen. Im Impfpass sind die bisher erfolgten Impfungen eingetragen.
Gute Züchter geben ihren Käufern auch noch Futterpläne sowie Informationen zur Rasse und zu Aktivitäten des Zuchtverbands mit.

Wusstes Sie schon?

Züchter geben Welpen frühestens mit acht Wochen ab. Das ist für die meisten Rassen das richtige Alter. Manche Züchter geben ihre Hunde auch erst mit zwölf Wochen ab. Hat ein Züchter einen Welpen von zwölf Wochen oder älter, ist dieser bei richtiger Haltung gut sozialisiert und stubenrein. Achten Sie aber darauf, dass er gesund ist, bevor Sie sich entscheiden.

Hundehaltung verpflichtet

Nachdem all diese Faktoren ausreichend durchdacht worden sind, haben Sie vermutlich bereits Ihre Wahl getroffen. Sie haben sich für einen Alaskan Malamute entschieden, was bedeutet, dass Sie genau wissen, welche Charaktermerkmale Sie an Ihrem Hund schätzen und welcher Typ Hund am besten in Ihre Familie passt. Nach der Auswahl

Alle Malamute-Welpen sollten Besuchern gegenüber aufgeschlossen und freundlich sein. Wählen Sie den für Sie geeigneten aus!

eines zuverlässigen Züchters sind wir schon einen Schritt weiter, denn Sie haben sich für einen verantwortungsvollen Züchter entschieden, der rassetypische Alaskan Malamutes züchtet und der Ihnen alle Ratschläge geben kann, die für ein harmonisches Zusammenleben mit Ihrem Welpen wichtig sind. Wenn Sie einen Wurf in Aktion beobachtet haben, wissen Sie bereits einiges über das, was im „Rudel" des Welpen so abläuft und können sich so gut ein Bild über die unterschiedlichen Persönlichkeiten machen. Vielleicht haben Sie sogar schon einen entdeckt, der besonders gut zu Ihnen passt.

Aber auch wenn Sie den Malamute-Welpen Ihrer Träume noch nicht gefunden haben, ist das Beobachten von Welpen und erwachsenen Hunden sehr lehrreich, um etwas über die Verhaltensweisen und das Wesen der Welpen kennen zu lernen. Sie werden in der Lage sein, zu erkennen, welche Welpen das Zeug zum Rudelführer haben, welche weniger zugänglich, welche selbstsicher oder scheu, verspielt, freundlich oder aggressiv sind. Es ist jedoch ebenso wichtig, dass Sie lernen zu erkennen, wie ein gesunder Welpe aussehen und sich verhalten sollte. Alle diese Faktoren helfen Ihnen bei Ihrer Suche. Und wenn Sie dann dem Alaskan Malamute begegnen, der für Sie bestimmt ist, werden Sie ihn sofort erkennen.

Gründliche Informationen über die Rasse, die Auswahl eines zuverlässigen Züchters und das Beobachten möglichst vieler Welpen sind allesamt wichtige Schritte auf dem Weg zu einem verantwortungsbewussten Hundehalter. Es sieht zusammen genommen alles ziemlich mühevoll aus - und Sie haben den Welpen noch nicht einmal zu Hause! Vergessen Sie aber nicht, dass Sie bei der Entscheidung für die geeignete Rasse und den

Sind Sie bereit, einen Malamute zu halten? Wenn Sie sicher sind, dass Sie Zeit und Geld investieren wollen, um für Ihren Malamute sowohl als Welpe, wie auch als erwachsener Hund zu sorgen.

Versicherungen

Hundehaltung bedeutet Verantwortung. Trotz aller Umsicht kann es aber leicht zu einem unliebsamen Zwischenfall kommen. Jeder Hundebesitzer sollte deshalb unbedingt eine Haftpflichtversicherung für seinen Hund abschließen. Sie deckt Schäden ab, die durch den Hund verursacht werden. Beißt Ihr Hund jemanden, verursacht er einen Unfall oder fügt einem Artgenossen Schaden zu, sind diese Schäden je nach den Umständen abgedeckt. Wer möchte, kann für seinen Hund auch eine Krankenversicherung abschliessen. Fragen Sie Ihren Tierarzt oder Ihre Versicherung danach.

Eignen Sie sich als Besitzer?

Falls der Züchter, von dem Sie einen Welpen möchten, viele persönliche Fragen stellt, ist das nichts Negatives. Ein solcher Züchter möchte sich lediglich vergewissern, dass Sie seinem Welpen ein geeignetes Zuhause geben können.

Die meisten Welpen gewöhnen sich schnell an ihre neue Umgebung. Lassen Sie Ihren Malamute spüren, dass Ihr Heim auch seines ist.

richtigen Welpen gar nicht sorgfältig genug sein können. Der Kauf eines Welpen sollte niemals nur aus einer Laune heraus geschehen. Mit dem Welpen bringen Sie ein weiteres Mitglied in Ihre Familie! Vielleicht denken Sie, dass die Anschaffung Spaß machen sollte und keine derart ernsthafte, aufwendige Angelegenheit sein sollte. Sie dürfen jedoch nicht vergessen, dass ein Welpe kein kuscheliges Stofftier oder ein Dekorationsobjekt für den Garten, sondern ein Lebewesen mit Bedürfnissen und Gefühlen ist, das als gleichwertiges Familienmitglied behandelt werden sollte. Sie werden schnell feststellen, dass der Welpenkauf ein durchaus erfreuliches, aufregendes Erlebnis ist, aber nicht auf die leichte Schulter genommen werden darf. Entspannen Sie sich, der Spaß (oder auch „Spaß“) wird beginnen, wenn der Welpe bei Ihnen einzieht!

Unter dieser flauschigen Verkleidung steckt ein liebenswertes Lebewesen.

Denken Sie stets daran, dass ein Welpe nichts anderes ist als ein Baby im Fell - ein Baby, das in der Welt der Menschen völlig hilflos ist und sein Leben und Wohlergehen vertrauensvoll in die Hände seines Halters legt. Futter, Wasser und Schlafplatz reichen dafür jedoch nicht aus, der Hund braucht auch Pflege, Schutz, Führung und Liebe. Wenn Sie sich all dem nicht gewachsen fühlen, sind Sie als Hundehalter ungeeignet.

Kann das denn wirklich so schwierig sein? Alle Ihre Nachbarn besitzen Hunde und scheinen keine Probleme zu haben. Warum sollen Sie sich so viele Gedanken machen? Weil sich alle verantwortungsbewussten Hundehalter genau die gleichen Gedanken gemacht haben. Sie werden feststellen, dass sich Ihr Welpe nach einer Eingewöhnungszeit auf ganz natürliche Weise einfügt und seinen Platz in der Familie einnimmt. Aber es schadet nicht, die Verantwortung des Hundehalters deutlich zu betonen. Mit etwas Zeit und Geduld ist die Aufzucht eines neugierigen und vor Lebensfreude sprühenden Malamute-Welpen zu einem wohlerzogenen und angepassten erwachsenen Hund nicht allzu schwer.

Vorbereitungen zu Hause

Die Auswahl der richtigen Rasse und des geeigneten Züchters sind nur zwei Lektionen der „Hausaufgaben", die Sie zu erledigen haben, bevor Sie sich einen Welpen nach Hause holen. Auch die Wohnung und die Familie sind auf den Neuzugang vorzubereiten. Genauso, wie man für ein Neugeborenes ein Kinderzimmer herrichtet, müssen Sie in Ihrer Wohnung einen Platz aussuchen, der dem Welpen gehören soll. Wie Sie die Wohnung auf den Welpen vorbereiten, hängt davon ab, wieviel Freiraum Sie ihm erlauben werden. Egal, wie Sie sich hier entscheiden, Ihr Malamute braucht auf jeden Fall einen eigenen Platz.

Ein Familienmitglied sollte mindestens zwei Wochen rund um die Uhr Zeit den Kleinen haben. Wenn Sie mit dem neuen Welpen nach Hause kommen, wird dies nun auch sein Zuhause werden. Natürlich kauft man keinen Welpen, damit er die gesamte Wohnung übernimmt. Aber er muss sich in seiner Umgebung wohlfühlen,

Die Umgebung des Welpen im Freien muss Malamute-sicher sein. Behalten Sie Ihren Welpen zu seinem eigenen Schutz immer im Auge, wenn er draußen ist.

um zu einem ausgeglichenen Hund heranzuwachsen, der sich gut an sein Umfeld anpasst. Man sollte bedenken, dass der Welpe die Wärme und Geborgenheit seiner Mutter und Geschwister und die Vertrautheit des einzigen Ortes, den er je kennen gelernt hat, verlässt. Deshalb ist es wich-

Ihr Tagesablauf

Ein unregelmäßiges, unstetes Leben mit häufigen Veränderungen im Tages- oder Wochenrhythmus kann problematisch werden, wenn man einen Welpen hat. Neben regelmäßigen Mahlzeiten muss er sozialisiert werden (er braucht Zuwendung, soll andere Menschen kennenlernen) und muss zur Stubenreinheit oft hinaus geführt werden. Ältere Hunde sind dagegen flexibler, was ihre Mahlzeiten und ihr Bedürfnis sich zu lösen betrifft.

Eine Box oder Hundehütte muss so groß sein, dass der erwachsene Hund darin stehen kann, ohne sich den Kopf oben zu stoßen. Die hier abgebildete wäre also viel zu klein. Es ist das beste, für den Malamute-Welpen gleich die größte zu kaufen. Gut instandgehalten, wird die Box das ganze Hundeleben lang halten.

tig, dass ihm die Umsiedlung in sein neues Zuhause so leicht wie möglich gemacht wird. Ist ein Platz für ihn vorbereitet, geben Sie ihm das sichere Gefühl, in dieser fremden Umgebung herzlich willkommen zu sein. Die Eingewöhnung sollte nicht zu lange dauern, aber der plötzliche Schock der Umsiedlung ist für einen jungen Welpen auf jeden Fall ein traumatisches Erlebnis. Stellen Sie sich vor, wie sich ein kleines Kind in der gleichen Situation fühlen würde. So muss sich auch ein Welpe fühlen. Nun liegt es an Ihnen, sein Vertrauen wieder aufzubauen und ihn wissen zu lassen: „Kleiner Freund, es wird dir hier gefallen".

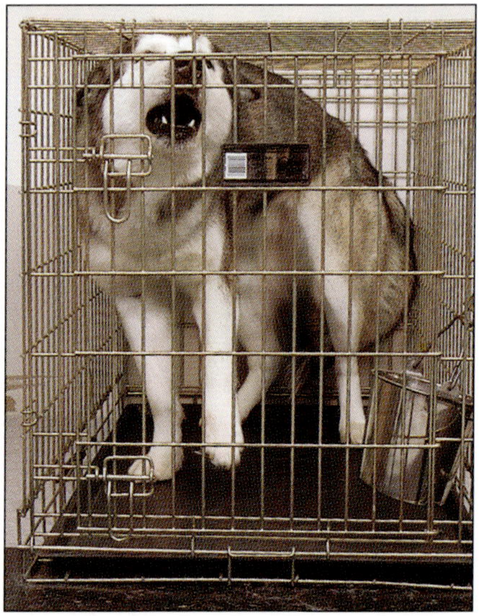

Das sollten Sie kaufen

Die Transportbox

Die Verwendung einer Transportbox in der Hundeerziehung mag manchem, der damit nicht vertraut ist, als eine Art Bestrafung erscheinen. Aber das ist nicht der Fall. Hundeboxen sind nicht grausam - sie sind sehr nützlich und effektiv bei der Pflege und der Erziehung des Hundes. So ist der Einsatz einer Box eine sehr verbreitete und erfolgreiche Methode bei der Erziehung zur Stubenreinheit. Eine Box bedeutet auch Sicherheit für den Hund während einer Reise und, was vielleicht das Wichtigste ist, sie bietet dem Welpen einen eigenen Platz in Ihrem Haus. Die Box ist eine Art Hunde-Schlafzimmer. Ihr Malamute kann sich in ihr zusammenrollen, wenn er schlafen möchte oder nur mal eine Pause braucht. Viele Hunde schlafen die ganze Nacht in ihrer Box. Ausgestattet mit einem weichen Bett und dem Lieblingsspielzeug wird sie für den Hund zu einer kuscheligen Höhle. Genau wie seine Vorfahren schätzt er den Komfort und die Rückzugsmöglichkeiten einer Höhle. Im Gegensatz zu seinen Vorfahren hat er aber das Glück, etwas mehr Luxus genießen zu können.

Gesundes Futter!

Ein nicht unerheblicher Kostenfaktor ist das Futter. Um sich gut zu entwickeln, brauchen Hunde Futter guter Qualität. Die meisten Hunde sind beim Fressen zwar nicht wählerisch, sie können aber leicht zu gesundheitlichen Problemen neigen, wenn sie unausgewogen und einseitig ernährt werden.

Stubenrein mit der Box

Damit der Hund stubenrein wird, sollte bei einer großen Box der Teil, in dem er schläft, abgetrennt werden. So wird er sich melden, wenn er muss, da ein Hund seinen Schlafplatz nicht verschmutzt. Hat er jedoch zu viel Platz, wird er einfach ein Stück von seinem Bett weggehen, wenn er sich lösen muss. Gestalten Sie die Box so, dass sie wie eine Höhle wirkt. Decken und ein Lieblingsspielzeug machen sie kuschelig für den kleinen Welpen. Wird der Hund größer, geben Sie ihm mehr Raum in seiner Box. Mit Geduld und Zuwendung wird der Welpe sein Lager innerhalb der Box bald akzeptieren. Damit Sie ihn auch hören, sollte die Box immer dort sein, wo Sie sind, wenn der Hund darin schläft, nachts am besten in der Nähe Ihres Betts. Außerhalb der Box sollten Sie ihn immer im Auge behalten, damit Sie gegebenenfalls sofort mit ihm ins Freie gehen können.

Für welchen Boxentyp Sie sich entscheiden, bleibt Ihnen überlassen. Am besten eignet sich ein Drahtkäfig oder eine Kunststoffbox. Jedes Modell hat seine Vor- und Nachteile. Ein Drahtkäfig ist offener, es kann mehr Luft hindurch strömen und der Hund hat ein größeres Blickfeld. Eine Box aus Kunststoff ist stabiler. Beide können als Reisebox zum Schutz des Hundes verwendet werden. Ein anderer Gesichtspunkt ist die Größe. Welpen bleiben nicht immer klein. Es scheint in der Tat manchmal, als könne man zusehen, wie sie wachsen. Eine mittelgroße Box mag für den jungen Malamute-Welpen noch ausreichen, für den erwachsenen Hund bestimmt nicht. Falls man nicht unnötig Geld ausgeben will und bei jedem Wachstumsschub des Hundes eine neue Box kaufen möchte, sollte man besser gleich die Größe wählen, die auch für den erwachsenen Hund ausreichend ist. Für einen Alaskan Malamute, der erwachsen im Mittel 63 cm groß ist, braucht man eine Box mit den Mindestmaßen 90 cm x 70 cm x 75 cm.

Das Hundebett

Ein oder zwei zusätzliche Hundedecken in der Box werden dem Hund

Ihr Zoofachgeschäft hat eine große Auswahl an Hundeboxen. Diese geschlossene Form ist auf Reisen praktisch und für Flugzeuge zugelassen.

helfen, sich zu Hause zu fühlen. So hat der Welpe einen Ersatz für Laub und Zweige, mit denen er sich in der freien Natur die Höhle auspolstern würde. Nun kann sich der Welpe in der Box seinen eigenen „Bau" gestalten. Obwohl der Welpe schon weit entfernt ist von seinen Höhlen grabenden Vorfahren, trägt er diesen Instinkt dennoch in sich. Bevor der Welpe geholt wurde, hat er immer inmitten der Wärme seiner Mutter und Wurfgeschwister geschlafen. Obwohl eine Decke nicht das gleiche ist, wie ein warmer, atmender Körper, bietet sie dem Welpen dennoch Wärme und etwas zum Kuscheln. Man wird das Hundebett häufig waschen müssen, wenn dem Welpen in seiner Box ein „Malheur" passiert ist. Wird eine Decke unansehnlich, löst sich auf

Spielsachen, Spielsachen!

Im Handel gibt es eine reiche Auswahl an Spielsachen, und viele sehen so aus, als böten sie dem Hund eine Menge Spaß. Aber wählen Sie sie sorgfältig aus! Es ist verblüffend, was ein Satz Welpenzähne aus einem nett aussehenden Spielzeug machen kann. Deshalb ist die Sicherheit das oberste Gebot. Wählen Sie die robustesten Spielzeuge, die Sie finden können. Sie sollten stabil, nicht zu groß und nicht zu klein sein. Es gibt sie in verschiedensten Formen, so dass gewiss auch eines dabei ist, das Ihr Hund interessant findet. Spiele, bei denen der Hund etwas fangen muss, machen viel Spaß. Dafür gibt es Bälle und Frisbeescheiben, die so gemacht sind, dass ihnen die Zähne des Hundes nichts anhaben können.

Das Hundebett Ihres Malamute-Welpen sollte sauber sein, sein Spielzeug welpensicher. Dieser Kleine scheint sich in seiner neuen Umgebung sehr wohl zu fühlen.

oder wird zerrupft, sollte man sie durch eine neue ersetzen.

Spielsachen

Spielsachen sind ein Muss für Hunde jeden Alters, besonders aber für neugierige, verspielte Welpen. Welpen sind nunmal die Kinder der Hunde, und welches Kind mag kein Spielzeug? Kauartikel bereiten sowohl dem Hund wie auch dem Besitzer, große Freude. Der Hund wird sein Spielzeug genießen, während man sich selbst freut, dass sich der Hund nicht an den teuren Schuhen und dem Ledersofa vergreift. Welpen lieben das Kauen; und tatsächlich ist das Kauen für den Welpen auch notwendig, wenn er im Zahnwechsel ist. In den Augen des zahnenden Welpen eignen sich viele Dinge im Haushalt - von antiken Möbeln bis zum Orientteppich - toll als Spielzeug. Welpen sind nicht wählerisch, wenn es darum geht, etwas zu finden, in das sie buchstäblich „ihre Zähne versenken können“ - alles eignet sich großartig!

Alaskan Malamute-Welpen kauen äußerst hartnäckig auf allem herum, deshalb sollte man ihnen die robustesten Spielzeuge anbieten. Züchter empfehlen Welpenkäufern, kein ausgestopftes Spielzeug zu kaufen, weil dies im Nu zerlegt wird. So könnte der Welpe die Füllung verschlucken,

Verwenden Sie für Ihren Hund niemals Kinderspielsachen, sondern nehmen Sie für Ihren Malamute ausschließlich spezielle Hundespielsachen aus einem guten Fachgeschäft.

Hundefachgeschäfte bieten eine reiche Auswahl an Leinen an. Alaskan Malamute-Welpen brauchen lediglich eine leicht Nylonleine.

was nicht gesund ist und schlimmstenfalls zu ernsten Problemen mit der Verdauung bis hin zum Darmverschluss führt. Ähnlich beliebt sind Quietschspielsachen, sie sollten jedoch beim Alaskan Malamute vermieden werden. Man könnte sie eventuell zur Motivation beim Training einsetzen. Aber wenn ein Welpe ein solches Spielzeug zerlegt und das tongebende Plastikteil verschluckt, kann das gefährlich werden. Überprüfen Sie immer wieder sorgfältig den Zustand des Welpenspielszeugs. Entfernen Sie es sofort, wenn es zerkaut werden kann und sich der Welpe eventuell daran verletzen können.

Seien sie vorsichtig mit Knochen, die in scharfe gefährliche Stücke splittern können. Auch mit Artikeln aus Büffelhaut sollte man sorgfältig umgehen. An Stücken, die sie mit ihren kleinen, scharfen Zähnen herausbeißen, können sich die Welpen leicht verschlucken, oder das Kauspielzeug wird zu einer glitschigen Masse auf Ihrem Teppich.

Die Leine

Am besten ist eine Leine aus Nylon, da dieses Material den Welpenzähnen gegenüber am widerstandsfähigsten ist, falls Ihr Welpe gern darauf herumkaut. Dies ist natürlich eine Angewohnheit, die sofort im Keim erstickt werden muss. Aber falls er dennoch darauf kaut, kann er sie im Normalfall nicht durchbeißen. Nylonleinen sind außerdem recht leicht. Das ist für einen Malamute-Welpen, der ja erst daran gewöhnt werden muss, an der Leine zu gehen, sehr günstig. Für den täglichen Spaziergang und unter dem Aspekt der Sicherheit ist also die Nylonleine eine gute Wahl. Wenn Ihr Welpe heran-

Die finanzielle Seite

Pflegezubehör, Halsbänder, Leinen, Hundebetten und natürlich Spielsachen kosten eine Menge Geld, wenn man sich einen Welpen anschafft. Diese Ausgaben begleiten auch das ganze weitere Hundeleben. Falls Ihr Welpe zu Hause etwas kaputt macht, und die meisten Welpen tun dies, oder etwas zerstört, das dem Nachbarn gehört, verursacht das zusätzliche Kosten, vor denen Sie sich mit dem Abschluss einer Haftpflicht schützen sollten. Dazu kommen Impfungen, Schädlingsbekämpfung und die eine oder andere Tierarztrechnung.

Ein solches **Nylonhalsband** ist für nahezu jeden Zweck geeignet. Achten Sie darauf, dass es sich mittels Schnalle dem Wachstum des Hundes entsprechend in der Weite regulieren lässt. Kontrollieren Sie regelmäßig, ob es noch passt. Befestigen Sie die Steuermarke daran.

Das **Würgehalsband** genannt, wurde und wird immer noch häufig in der Ausbildung verwendet. Da es sich „endlos" zusammenzieht, kann man dem Hund damit auch schaden. In der modernen Hundeerziehung wird es kaum eingesetzt.

Geschirre tragen Nordische Hunde bei ihrer Arbeit vor dem Schlitten oder der Pulka. Je nach Anspannungsart gibt es unterschiedliche Ausführungen. Das abgebildete Geschirr ist ein Führgeschirr und kann nicht als Zug- oder Pulkageschirr eingesetzt werden.

Zoofachgeschäfte bieten eine Reihe verschiedener Futter- und Wassernäpfe aus Kunststoff, Ton, Porzellan oder Edelstahl an.

wächst und ordentlich an der Leine gehen kann, möchten Sie ihn vielleicht an einer flexiblen Leine führen. Diese Leinen kann man sowohl verlängern, um dem Hund einen größeren Aktionsradius zu ermöglichen, als auch verkürzen, um den Hund nah bei sich zu behalten.

Das Halsband

Der Welpe sollte daran gewöhnt werden, ständig ein Halsband zu tragen, an dem seine Erkennungsmarke mit Name und Adresse befestigt ist. Außerdem bilden Halsband und Leine eine Einheit, denn die Leine muss schließlich irgendwo befestigt werden. Ein leichtes Nylonhalsband ist eine gute Wahl. Es sollte eng genug sein, damit der Welpe es nicht abstreifen kann, aber locker genug, damit es nicht unangenehm eng um den Hals wird. Passt gut ein Finger zwischen Hals und Halsband, sitzt es richtig. Es kann eine Zeit lang dauern, bis der Welpe das Halsband akzeptiert, aber bald wird es für ihn selbstverständlich sein. Kettenhalsbänder sind nur für bestimmte Ausbildungen gedacht. Sie sollten, wenn überhaupt, nur unter kompetenter Anleitung verwendet werden.

Futter- und Wassernapf

Der Welpe braucht zwei Näpfe, einen für das Futter und einen für das Wasser. Wer einen Garten hat, kann auch je zwei davon kaufen, für drinnen und draußen. Das hängt davon ab, wo der Hund gefüttert

Wussten Sie?

Einige Experten für Hundegesundheit sind der Meinung, dass zu viel negativer Stress während der ersten Jahre eines Hundes sein Immunsystem beeinträchtigen und schwächen kann. Dies kann zu einer verkürzten Lebenserwartung führen. Sie betonen deshalb die Notwendigkeit einer glücklichen und stressfreien Zeit des Heranwachsens.

wird und wo er sich die meiste Zeit aufhält. Rostfreie Edelstahlnäpfe sind gut zu reinigen. Plastiknäpfe sind weniger ratsam, da der Hund sie zerkauen kann. Am wichtigsten ist es, stabile Näpfe zu kaufen, sonst besteht immer die Gefahr, dass der Welpe sie zerlegt. Er kann sich dann verletzen, außerdem wollen Sie wahrscheinlich nicht ständig Geld für neue Näpfe ausgeben!

Reinigungszubehör

Bis der Welpe stubenrein ist, ist viel zu putzen. Es wird immer wieder mal ein „Malheur" passieren. Das ist anfangs ganz normal, weil der Welpe es ja nicht besser kann. Alles was Sie tun können ist, ihn aufmerksam zu beobachten und rechtzeitig mit ihm nach draußen zu gehen. Hinterlassenschaften im Haus beseitigen Sie sorgfältig. Dafür sollten Sie genügend alte Lappen, Handtücher, Zeitungen und ein wirksames Desinfektionsmittel zur Hand haben.

Was man sonst noch braucht

Bisher haben wir einen Blick auf die Grundausstattung geworfen. Im Lauf der Zeit werden Sie herausfinden, was Sie sonst noch alles brauchen, ein Floh- und Zeckenmittel, Kindergitter, um die Wohnung zu unterteilen und vieles mehr. Wichtig für den Anfang

Sie sollten die Hinterlassenschaften Ihres Hundes beseitigen, nachdem er sich gelöst hat.

ist, dass Sie die oben beschriebene Grundausstattung haben, um es Ihrem Welpen gleich bei seiner Ankunft so gemütlich wie möglich zu machen.

Wie die Wohnung welpensicher wird

Sie müssen gewährleisten, dass Ihre Wohnung ohne Gefahren für den Welpen ist. Das bedeutet, dass man Vorkehrungen treffen muss, damit der Welpe nicht an etwas gerät, das er nicht haben sollte. In seiner Reichweite darf nichts sein, was ihm Schaden zufügen könnte, falls er daran schnüffelt, darauf herumkaut oder es untersucht. Achtet man auf die Sicherheit des Welpen, verhindert man damit gleichzeitig, dass der Welpe Hab und Gut seines Besitzers ruiniert. Zerbrechliches sollte außerhalb der Reichweite des Welpen aufbewahrt werden, falls er sich in der ganzen Wohnung bewegen darf. Darf er sich nur innerhalb eines bestimmten Bereichs aufhalten, sollte alles, was ihm dort vielleicht gefährlich werden könnte, in die „verbotenen" Bereiche gebracht werden. Ein Stromkabel kann sehr gefährlich werden, falls der Welpe beschließt, zu probieren, wie es schmeckt. Kabel sollte man dicht an der Wand befestigen. Falls der Hund seine Zeit zum Teil in einer Box verbringt, muss man darauf achten, dass nichts in der Nähe seiner Box ist, was er erreichen könnte, wenn er seine kleine neugierige Nase oder seine Pfoten durch die Gitterstäbe steckt. Haushaltsreiniger und andere Chemikalien sollten, genau wie bei Kindern, so aufbewahrt werden, dass der Welpe sie nicht erreichen kann.

Vergewissern Sie sich, dass Ihr Garten sicher ist, bevor Sie Ihrem Malamute-Welpen erlauben, ihn zu erkunden. Denken Sie an Ihren Welpen, bevor Sie in Ihrem Garten Dünger und Insektizide verwenden.

Gifte im Haus

Machen Sie Ihre Wohnung welpensicher. Verwenden Sie in Bereichen, die dem Welpen zugänglich sind, niemals Ungeziefermittel oder Rattengift. Vermeiden Sie auch WC-Reiniger. Viele Hunde versuchen immer wieder, aus dem WC zu trinken. Vorsicht auch mit chemischen Haushaltsreinigern! Bewahren Sie diese Mittel außerhalb der Reichweite des Welpen auf.

Chemische Gifte

Überprüfen Sie Ihre Garage auf Gefahren für Ihren Welpen. Räumen Sie Unkrautvernichtungsmittel, Pestizide und Frostschutzmittel weg. Frostschutzmittel sind hochgiftig, und schon wenige Tropfen können sogar einen erwachsenen Hund töten. Der süßliche Geruch zieht den Hund an. Leider schmecken diese Mittel auch noch, und Ihr Hund schleckt sie schnell auf.

Wusstten Sie?

Es dauert mindestens zwei Wochen, bis der Welpe sich an seine neue Umgebung gewöhnt hat. Geben Sie ihm viel Liebe, Aufmerksamkeit, Streicheleinheiten und ausreichend Gelegenheit, sich zu lösen, ein Futter, das ihm schmeckt und einen eigenen Platz.

Die Heimfahrt vom Züchter in sein neues Zuhause ist für Ihren Welpen etwas sehr Aufregendes. Überfluten Sie ihn bei seiner Ankunft deshalb nicht mit zu vielen Eindrücken.

Wichtig ist auch, dass der Bereich außerhalb der Wohnung welpensicher ist. Im Garten sollte der Welpe nie unbeaufsichtigt sein. Denn er will herum rennen, um alles zu erkunden, und diese Freiheit sollte ihm auch gegönnt werden. Der Gartenzaun bietet oft nur eine trügerische Sicherheit. Sie werden überrascht sein, wie geschickt und ausdauernd ein Hund sein kann, wenn er herausfinden will, wie er nach draußen gelangt. Er kann sich unter dem Zaun durchgraben, sich durch kleine Löcher quetschen, über den Zaun springen oder ihn überklettern. Um das zu verhindern, sollte der Zaun etwa zwei Meter hoch sein und etwa 60 cm tief in den Boden eingegraben werden. Dichten Sie Zwischenräume und Löcher im Zaun ab und überprüfen sie ihn regelmäßig. Reparieren Sie ihn so oft wie nötig. Ein entschlossener Welpe könnte ansonsten eine entdeckte Schwachstelle so lange bearbeiten, bis sie groß genug ist, um hinaus zu gelangen.

Der erste Besuch beim Tierarzt

Sie haben den Welpen ausgesucht und Haus und Familie sind vorbereitet. Nun denken Sie, dass Sie den Alaskan Malamute nur noch beim Züchter abholen müssen, und der Spaß kann beginnen, oder? Nicht ganz so schnell! Jetzt ist noch der erste Besuch beim Tierarzt vorzubereiten. Vielleicht erfahren Sie vom Züchter oder anderen Malamute Besitzern, wo in ihrer Gegend ein guter Tierarzt ist, der sich mit dieser Rasse auskennt. Auf jeden

Die Heimfahrt

Die Heimfahrt vom Züchter kann für Sie und Ihren Welpen eine weniger schöne Erfahrung werden. Der Welpe wird aus seiner gewohnten Umgebung genommen und mit etwas völlig Fremdem konfrontiert. Und das bewegt sich auch noch! Es kann sein, dass Ihr Welpe Durchfall bekommt, ein Pfützchen macht oder ziemlich jault. Nehmen Sie vorsorglich alte Tücher, eine Küchenrolle und Ähnliches mit. Legen Sie bei einer längeren Heimreise ab und zu eine Pause ein. Zu Hause wird der Stress schnell vorbei sein.

Fall sollten Sie schon einen Termin vereinbaren, bevor Sie den Welpen beim Züchter abholen.
Beim ersten Tierarztbesuch wird der Welpe einer allgemeinen Untersuchung unterzogen, und der Tierarzt wird einen Plan für die weiteren Impfungen aufstellen. Aus dem Impfpass erfahren Sie, welche Impfungen der Welpe bereits bekommen hat und der Tierarzt wird dann die folgenden Impfungen vornehmen.

Die Familie kennenlernen

Die Familie wird die Ankunft des Welpen kaum erwarten können. Jeder möchte ihn streicheln und mit ihm spielen, aber es ist besser, die Ankunft möglichst ruhig zu gestalten, damit der Welpe nicht überfordert wird. Er ist sowieso schon unsicher. Es ist das erste Mal, dass er von seiner Mutter und dem Züchter getrennt ist, und die Heimfahrt war wahrscheinlich seine erste Bekanntschaft mit einem Auto. Wenn sich jetzt auch noch alle auf ihn stürzen, wird ihn das nur zusätzlich ängstigen. Das bedeutet nicht, dass der Kontakt zu Menschen in dieser Phase nicht äußerst wichtig wäre, denn das ist die Zeit, in der die Bindung zwischen dem Welpen und seiner Familie entsteht. Freundliches Streicheln und beruhigende Worte helfen, ihn zu trösten. Setzen Sie ihn auf den Boden und lassen Sie ihn seine Umgebung selbst erkunden, natürlich unter Ihrer Aufsicht. Auch das wird ihm helfen.

Kindern gegenüber sind Malamutes normalerweise freundlich, besonders dann, wenn sie bereits als Welpe mit Kindern sozialisiert wurden.

Wussten Sie schon?

Die erste Zeit werden Sie Ihrem Welpen wahrscheinlich das gleiche Futter geben wie der Züchter. Der Züchter sollte Ihnen die Ration für die ersten Tage mitgeben. Obwohl Sie dem Welpen nicht zu viele Extrahäppchen geben sollten, werden Sie dennoch einige zur Belohnung bei der Erziehung brauchen. Da der tägliche Kalorienbedarf eines Welpen durch zu viele Leckerchen schnell überschritten wird, sollten Sie dies bei der täglichen Futterration berücksichtigen und manches Leckerli durch eine Streicheleinheit ersetzen.

Giftige Pflanzen

Untersuchen Sie Ihren Garten, bevor Sie den Welpen holen. Bei vielen Pflanzen enthalten die Blätter, Stiele, Blüten und Wurzeln Giftstoffe, die gefährlich sind, wenn der Welpe sie frisst. Und Sie können sich darauf einstellen, dass ein neugieriger Welpe alles genau untersucht. Fragen Sie Ihren Tierarzt nach Informationen über giftige Pflanzen oder schlagen Sie dazu in einem Pflanzenlexikon nach.

Das „Aus“

Viele Dinge sind für den Hund giftig. Hat Ihr Hund etwas im Maul, das er auslassen soll, nähern Sie sich ihm ruhig, unauffällig und ohne Blickkontakt. Sagen Sie „Aus“ und bieten Sie dem Welpen ein Häppchen an. Er sollte den Gegenstand nun auslassen, dann loben Sie ihn. Dieses Kommando können Sie natürlich auch mit seinem Spielzeug oder einem Kauknochen üben.
Ihr Hund sollte sich jederzeit alles aus dem Maul nehmen lassen.

Kaufen Sie hochwertige Futter- und Wassernäpfe. Denken Sie daran, dass der Welpe jedes Mal, wenn er etwas getrunken hat, anschließend hinaus muss, um sich zu lösen.

Vielleicht nimmt der Welpe nun von sich aus Kontakt zu den Familienmitgliedern auf, vielleicht ist er aber erst einmal mit der Erkundung seiner Umgebung beschäftigt. Nach und nach sollte sich jedes Familienmitglied eine Zeit lang mit dem Welpen beschäftigen. Dabei sollte man sich auch immer wieder auf den Boden setzen, um so gut wie möglich auf gleicher Ebene mit dem Welpen zu sein. Er sollte die Hände beschnüffeln können und freundlich gestreichelt werden. Menschliche Zuwendung und Berührungen sind sehr entscheidend für eine enge Bindung. Man darf nicht vergessen, dass der Welpe eine Menge Dinge auf einmal und zum ersten Mal sieht. Es gibt neue Menschen, neue Geräusche, neue Gerüche und neue Dinge zu erforschen: seien Sie deshalb freundlich, liebevoll und so ermutigend wie möglich.

Die erste Nacht

Nun hat man den neuen Schützling in seinem Korb oder seiner Box sicher heim gebracht. Er hat die Familie kennen gelernt und alle, einschließlich der aufgeregten Kinder und der alles andere als glücklichen Katze, beschnuppert. Er hat seine Umgebung erforscht, sein Bett, den Garten und was ihm sonst noch erlaubt war. Er hat seine erste Mahlzeit im neuen Zuhause gefressen und sich an einem geeig-

Rüde oder Hündin?

Ob Sie sich für einen Rüden oder eine Hündin entscheiden, ist weitgehend Geschmackssache. Hündinnen gelten allgemein als leichter zu erziehen. Sie sind etwas kleiner und zarter als Rüden. Nur zweimal jährlich interessieren sie sich besonders für das andere Geschlecht. Rüden sind kräftiger, etwas eigenständiger und das ganze Jahr über an Hündinnen interessiert.

Die Welt eines Welpen ist voller Herausforderungen und neuer Erfahrungen. Nachdem er im Garten herumgewirbelt ist, sollten Sie Ihrem Malamute-Welpen Zeit geben, sich zu erholen.

neten Platz erleichtert. Er hat viele neue Geräusche gehört, Neues gerochen und mehr von der Welt gesehen, als jemals zuvor. Das war also der erste Tag! Nun ist er erschöpft und reif für das Bett, zumindest haben Sie diesen Eindruck!

Es ist die erste Nacht für den Welpen, und Sie möchten ihm „Gute Nacht" sagen. Bedenken Sie aber, dass er noch nie zuvor nachts allein geschlafen hat. Seine Mutter und Geschwister sind nicht mehr nur eine „Pfotenlänge" entfernt, und deshalb ist er ein wenig verstört, einsam, und ihm ist etwas kalt. Wirken Sie beruhigend auf Ihr neues Familienmitglied ein. Aber verziehen Sie ihn nicht und geben Sie seinem Winseln nicht nach. Welpen winseln, um anderen mitzuteilen, wo sie sind. Bringen Sie den Welpen in sein Bett oder seine Box in Ihrer Nähe. Vielleicht haben Sie Glück, und er schläft gleich ein. Falls nicht, ignorieren Sie sein Winseln; es geht ihm gut. Bleiben Sie konsequent und denken Sie an das, was er erreichen möchte. Reagieren Sie auf das Winseln nur, falls es sein kann, dass der Welpe „muss". Ansonsten sollten Sie ohne schlechtes Gewissen hart bleiben. Er wird einschlafen.

Viele Züchter empfehlen, dem Welpen ein Stück Decke aus seinem früheren

Der Garten

Lassen Sie Ihren Hund, besonders als Welpen, nicht länger allein im Garten. Wird ihm zu langweilig, vergreift er sich vielleicht an Ihren kostbaren Pflanzen, die für ihn giftig sein können. Vielleicht versucht er auch, nach draußen zu kommen. Muss Ihr Hund einmal allein zu Hause bleiben, gehört er auf jeden Fall ins Haus. Und auch dort muss er einen Platz haben, von wo aus er nicht im Haus „randalieren" kann, auch wenn Ihr Ausflug mal etwas länger dauert.

Zuhause in sein neues Bett zu legen. So hat er den Geruch seiner Mutter und den Geschwister um sich. Andere wiederum raten immer noch dazu, eine Wärmflasche in das Hundebett zu legen. Das ist nur dann eine gute Idee, wenn der Welpe nicht versucht, darauf herum zu kauen. Womöglich wird er nass wird nicht so schnell einschlafen.
Die ersten Nächte mit dem Welpen können anstrengend werden, sowohl für den Welpen wie auch für die ganze Familie. Denken Sie daran, dass Sie es sind, der die Zeit für das Zubettgehen festlegt. Wenn Sie nicht jeden Abend um zehn, um Mitternacht und um zwei Uhr morgens mit dem Welpen spielen möchten, führen Sie das auch gleich gar nicht ein. Ihre Familie wird es Ihnen danken, und auch der Welpe!

Falls Sie mit Ihrem Hund zu seinem Löseplatz ein Stück gehen müssen, sollten Sie ihn an der Leine führen. Ein Teil seiner Ausbildung sollte sein, sich zu setzen, wenn er angeleint wird.

Probleme vermeiden

Die Sozialisierung

Nachdem nun alles richtig vorbereitet wurde und Sie dem Welpen geholfen haben, sich einzugewöhnen, ist es an der Zeit, auch etwas Spaß zu haben! Wird Ihr Alaskan Malamute gut sozialisiert, können Sie stolz auf Ihren neuen Freund sein, und der junge Hund kann dadurch viel mehr Freiheiten genießen. Jeder wird ihn streicheln wollen und ihn normalerweise als etwas ganz Besonderes betrachten!
Der Welpe sollte nicht nur die eigene Familie kennenlernen, sondern auch

Trainingstip

Die Erziehung eines Welpen erfordert viel Geduld und kann manchmal frustrierend sein. Sie werden erste Erfolge Ihrer Bemühungen bald sehen können. Falls Sie Probleme haben, wenden Sie sich an einen kompetenten Hundetrainer, der nach modernen Gesichtspunkten arbeitet. Vielleicht hat der Welpe wirklich ein Problem, oder aber Sie müssen erst lernen, wie man einem Hund etwas beibringt.

Wusstene Sie schon?

Die meisten Probleme mit dem Welpen verschwinden, wenn der Hund älter wird. Wie Ihr Hund jedoch auf Erziehungsmaßnahmen reagiert, wenn er erwachsen ist, hängt davon ab, wie Sie jetzt mit Problemen umgehen. Es ist wichtig, schon zu Beginn der Bindung festzulegen, wer der „Boss" ist (hoffentlich sind Sie das!). Die so entstandene Art der Beziehung wird für Ihr ganzes weiteres Zusammenleben mit dem Hund ausschlaggebend sein.

andere Menschen, Tiere sowie die verschiedensten Alltagssituationen. Wichtig ist auch der Kontakt zu anderen Hunden. So lange er jedoch noch nicht voll geimpft ist, sollte er nicht mit Hunden zusammen kommen, die Sie nicht gut kennen. Eine gute Sozialisierung hilft dem Hund, sich anzupassen. Er wird weniger dazu neigen, sich vor etwas Unbekanntem zu fürchten. Die Sozialisierung des Welpen beginnt bereits beim Züchter, aber nun sind Sie dafür verantwortlich, diesen Prozess fortzusetzen. Eine besonders sensible Phase ist die Zeit bis zur zwölften Woche. Das ist die

Kinder sollten ihre Haustiere gut kennenlernen, damit sie keine Angst vor Ihnen haben. Dieser mutige Kleine ist startklar für einen Bummel mit seinem vierbeinigen Kamerad.

Die Haltung mehrerer Malamutes kann auch ein mehrfacher Spaß sein! Die Sozialisierung schließt sowohl den Kontakt mit Menschen als auch den mit anderen Tieren ein. Ein eingezäuntes Grundstück ist ein guter Ort für Hunde, um sich kennen zu lernen.

Zeit, in der sich der Welpe sein Bild von der Umwelt macht. Zwischen der achten und zehnten Woche, in der oft als Angst-Phase bezeichneten Zeit, sollte man besonders sorgfältig sein. Die Erlebnisse dieser Zeit sollten positiv und vertrauenerweckend sein. Mangelnde Sozialisierung kann sich später in Angst oder Aggressivität bemerkbar machen. Der Hund braucht viele Kontakte zu anderen Menschen, Zuwendung, Erziehung und Kontakte zu anderen Tieren.

Wenn der Welpe alle Impfungen hinter sich hat, können Sie ihn überall hin mitnehmen. Gehen Sie mit ihm zu den Nachbarn und nehmen Sie ihn mit, wenn Sie Ihre täglichen Besorgungen machen. Lassen Sie ihn von anderen Menschen streicheln, ermöglichen Sie ihm Treffen mit andern Hunden und Heimtieren, usw. Welpen haben es nicht nötig, Freunde zu suchen, denn die meisten Menschen

Sozialisierung

Sozialisierung bedeutet nicht nur, dass der Hund andere Menschen kennen lernt, sondern auch, dass er neue Erfahrungen macht. Autofahren, die Fellpflege, das Geräusch des Fernsehers oder der Aufenthalt in einer Menschenmenge - die Liste ist endlos. Je mehr der Welpe erlebt und je mehr positive Erfahrungen er sammelt, um so mehr Selbstvertrauen entwickelt er. Und um so weniger angstvoll wird er neuen Situationen begegnen.

gehen von sich aus auf Welpen zu. Bleiben Sie jedoch immer dabei. Wenn die Nachbarskinder zu Besuch kommen möchten, ist das großartig - Kinder und Hunde sind oft sehr gute Freunde. Manchmal kann es vorkommen, dass ein übermütiges Kind zu grob mit dem Welpen ist oder ein Welpe im Übereifer spielerisch ein wenig zu fest zwickt. Achten Sie darauf, dass Erfahrungen in der Sozialisierungsphase positiv verlaufen. Was ein Welpe während dieser Periode lernt, wird ihn für sein ganzes Leben prägen. Sie möchten ja, dass Ihr Welpe jedem gegenüber gutmütig ist. Macht er jedoch eine schlechte Erfahrung mit Kindern, kann es sein, dass er ihnen gegenüber später scheu oder aggressiv reagiert.

Keine Schokolade!

Verwenden Sie Belohnungshappen, um den Hund zu motivieren, etwas

Bestimmtes zu tun. Probieren Sie es mit kleinen Käse- oder Wurststückchen. Verwenden Sie keine Schokolade, denn die ist Gift für den Hund.

Beständigkeit in der Erziehung

Als Rudeltier braucht der Hund einen Rudelführer. Hat er diesen nicht, wird er versuchen, sein Rudel zu dominieren. Kommt ein Welpe ins Haus, liegt es an Ihnen festzulegen, wer der „Rudelführer" und wer das „Rudel" ist! Sein instinktives Streben nach Dominanz, sein treuer Blick machen es fast unmöglich, nicht klein bei zu geben. Dies verschafft ihm meist einen ungerechten Vorteil, um die Oberhand zu gewinnen! Ein Welpe will austesten, was er darf und was nicht. Geben Sie seinem herzerweichenden Blick nicht nach. Bleiben Sie hart, wenn der Welpe zurechtgewiesen werden muss. Wichtig ist, dass sich darüber alle Familienmitglieder einig sind. Es verwirrt den Welpen, wenn die Mutter ihn von der Couch scheucht, er es aber gewohnt ist, dort zusammen mit dem Vater die Abendnachrichten zu sehen. Vermeiden Sie im Umgang mit dem Welpen Uneinigkeit unter den Familienmitgliedern. Stellen Sie Regeln für das Miteinander gemeinsam auf, bevor der Welpe ins Haus kommt, und bestehen Sie auf deren Einhaltung! Frühes Training formt das Wesen des Hundes. Machen Sie ihm deshalb deutlich, was Sie erwarten.

Häufige Probleme mit dem Welpen

Der beste Weg, Probleme zu vermeiden, ist, sie gar nicht erst entstehen zu lassen. Die Meinung, man könnte einem alten Hund nichts mehr beibringen, stimmt zwar nicht, aber es ist richtig, dass es sehr viel leichter ist, unerwünschtes Verhalten im Welpenalter zu korrigieren als bei einem erwachsenen Hund, der sich bestimmte Verhaltensmuster bereits angewöhnt hat.

Die Zeit des Kauens

Besonders während des Zahnwechsels kaut der Welpe gern auf allem Erreichbaren herum, um sein schmerzendes Zahnfleisch zu beruhigen. In diesem Fall wird er vielleicht Ihren Lieblingsschuh verwenden oder etwas anderes, was er nicht haben darf. Dieses Verhalten ist bei Hunden ganz normal und wichtig, deshalb sollten Sie ihm das Kauen nicht abgewöhnen, sondern nur in geordnete Bahnen lenken. Der Welpe muss lediglich begreifen, worauf er kauen darf und welche Dinge tabu sind. Sagen Sie jedes Mal „Nein“ oder „Pfui“, wenn er auf etwas Verbotenem kaut, und geben Sie ihm dafür ein Kauspielzeug. Loben Sie ihn andererseits jedes Mal, wenn er auf etwas Geeignetem herumkaut. Auf diese Weise belohnen Sie gezielt das gewünschte Verhalten und verbinden das unerwünschte Verhalten mit etwas Negativem. Das Kauen sollte beim Welpen aufhören, sobald er alle bleibenden Zähne hat. Aber auch erwachsene Hunde kauen aus verschiedenen Gründen gerne auf etwas herum, zum Beispiel wenn ihnen langweilig ist, zum Abbau von Spannungen oder aber einfach aus Spaß. Auch deshalb ist es wichtig, dieses Verhalten von klein auf in die richtige Richtung zu lenken.

Sein Kaubedürfnis sollte der Hund an einem extra dafür gedachten Gegenstand stillen. Weiche Spielzeuge werden nicht so lange halten wie spezielle Kauartikel.

Schnappen

Wenn Welpen in den Zahnwechsel kommen, haben sie das Bedürfnis, ihre Zähne in alles Erreichbare zu graben, unglücklicherweise auch in Ihre Finger, Arme, Haare und Zehen. In den ersten fünf Sekunden finden Sie dieses Verhalten vielleicht noch putzig, bis Sie plötzlich spüren, wie scharf diese Welpenzähne sind. Unterbinden Sie dieses Verhalten sofort und jedes Mal mit einem strengen „Nein!“ (oder einem anderen entsprechenden Ausdruck). Dann geben Sie dem Welpen an Stelle des Fingers ein geeignetes Kauspielzeug. Ist der Hund jung, ist das Zwicken lediglich lästig. Es kann aber höchst unangenehm werden, wenn der erwachsene Alaskan Malamute das mit seinen bleibenden Zähnen und starken Kiefern genauso macht. Ihr Alaskan Malamute will Sie damit nicht wirklich verletzen, aber er kann seine Kraft nicht einschätzen.

Jaulen und Winseln

Wird der Welpe allein gelassen, macht er oft mit Jaulen, Winseln, Wimmern oder Heulen auf sich aufmerksam. Auf diese Weise signalisiert er, wo er ist, damit er nicht vergessen wird. Dies macht er auch, wenn Sie in einem anderen Zimmer sind und er Sie nicht sehen kann. Seine Stimme drückt Angst aus. Er muss lernen, dass es ganz in Ordnung ist, ab und zu allein zu bleiben. Bringen Sie ihm also nicht bei, keinen Lärm zu machen, sondern dass Alleinbleiben nichts Schlimmes ist und Sie immer wiederkommen. Behaglich wird sein Platz durch ein weiches Bett und Spielzeug. Sie möchten ihn in Sicherheit wissen, wenn Sie nicht da sind, um ihn zu beaufsichtigen, und Sie wissen, dass er an seinem Platz sicher ist. Damit der Welpe sein Körbchen oder seine Box mit etwas Angenehmem verbindet, dürfen sie nie zur Strafe oder als Abstellkammer benutzt werden. Sonst verknüpft der Welpe diese Plätze mit etwas Negativem.

Um ihn an die Box zu gewöhnen, wird er anfangs nur kurze Zeit und nur allmählich länger darin untergebracht. Dabei bleibt man mit ihm im selben Zimmer. Wenn er weint, gehen Sie nicht zu ihm, bleiben aber in Sichtweite. So wird er mit der Zeit lernen, auch ohne Ihren Beistand in der Box zu bleiben. Dann ist es für ihn auch nicht so traumatisch, wenn Sie nicht in der Nähe sind. Wenn man das Haus verlässt, kann man das Radio laufen lassen. Denn menschliche Stimmen wirken oft beruhigend auf den Welpen.

Wenn Sie Ihrem Welpen einen Ball zum Spielen geben, sollten Sie sich vergewissern, dass dieser zu groß zum Verschlucken und so hart ist, dass ihn der Welpe mit seinen scharfen Zähnen nicht durchbohren kann.

Die tägliche Pflege des Alaskan Malamute

Die Fütterung

Heute gibt es die verschiedensten Möglichkeiten, einen Alaskan Malamute zu füttern. Es gibt Dutzende verschiedener Futtermarken in allen möglichen Geschmacksrichtungen und Zusammensetzungen für die verschiedenen Altersstufen. Es gibt sogar ein spezielles Diätfutter für allergische und übergewichtige Hunde. Da sich das Futter Ihres Malamute auf sein Fell, seine Gesundheit, seine Aktivität und sein Wesen auswirkt, ist es notwendig, ihn seinem jeweiligen Alter entsprechend zu füttern. Angesichts der enormen Vielfalt an Futtersorten ist sogar mancher erfahrene Halter ein wenig überfordert. Wenn man weiß, was das Beste für den Hund ist, hilft das, sich für das richtige Futter zu entscheiden.
Hundefutter wird grundsätzlich in drei verschiedene Typen eingeteilt: Trockenfutter, halbfeuchtes Futter und Feuchtfutter in Dosen. Trockenfutter ist sicher am einfachsten zu handhaben und am längsten haltbar. Durch die gelegentliche Verfeinerung mit Joghurt, Brühe, einem frischen Eigelb oder anderen Zutaten bringt man beim Trockenfutter etwas Abwechslung in den Speiseplan. Achten Sie beim Kauf darauf, dass das Futter keine Farb- und Konservierungsstoffe enthält. Dosenfutter besteht im Allgemeinen zu 60 bis 70 Prozent aus Wasser, während Halbfeuchtfutter oft so viel Zucker enthält, dass es von den Haltern am wenigsten verwendet wird, obwohl es den Hunden zu schmecken scheint. Wenn Sie Futter für Ihren Hund aussuchen, sollten Sie entsprechend seinem Alter wählen. Es wird spezielles Futter für Welpen, für erwachsene Hunde und für ältere Hunde angeboten.

Wussten Sie schon?

Ein Test für das Futter und die Verdauung Ihres Hundes sind die Farbe, der Geruch und die Konsistenz des Kots. Ein gesunder Hund setzt etwa drei Mal täglich mittelfesten Kot ab. Er sollte keinen unangenehmen Geruch und immer die gleiche dunkle Farbe haben.

Die Ernährung des Welpen

Instinktiv saugt jeder Welpe am Gesäuge der Mutter Milch. Jeder normale Welpe wird dies bereits wenige Momente nach der Geburt tun. Saugt ein Welpe innerhalb der ersten halben Stunde nach der Geburt nicht, sollte man ihn an das Gesäuge legen.

Die erste Muttermilch, das Kolostrum, ist sehr wichtig, da sie den Welpen mit wichtigen Antiköpern versorgt, die ihn in den ersten acht bis zehn Lebenswochen vor vielen Krankheiten schützen. Obwohl Muttermilch wesentlich besser ist als künstliche Welpenmilch, sollte man eine gute Welpenmilch zu Hause haben. Falls Welpen nichts zu sich nehmen, müssen Sie sie füttern. Wer noch wenig Erfahrung auf diesem Gebiet hat, sollte sich mit dem Tierarzt in Verbindung setzen. Denn nicht nur die richtige Menge ist wichtig, sondern auch die richtige Zusammensetzung und die Anzahl der Mahlzeiten. Normalerweise wird in den ersten Lebenstagen alle zwei Stunden gefüttert.

Achten Sie drauf!

Trockenfutter verdirbt und verliert innerhalb von drei Monate nach dem Öffnen wertvolle Vitamine. Wird das Futter feucht, kann es auch durch Schimmelpilze und Ungeziefer vergiftet werden. Am besten lagern Sie offene Packungen kühl und trocken.

Die Welpen sollten sechs Wochen lang von der Hündin gesäugt werden. Ab der dritten oder vierten Woche bekom-

Muttermilch ist besser als jede andere Form von Milch. Malamute-Welpen sollten vor der Entwöhnung sechs Wochen lang gesäugt werden.

Futter auf Getreidebasis

Viele Futtersorten für erwachsene Hunde basieren auf Getreide. Das ist nicht bedenklich, so lange sie kein Sojamehl enthalten. Futter auf Sojabasis verursacht häufig Blähungen, und manche Hunde reagieren allergisch auf Soja. Futter auf Getreidebasis ist oft billiger und meist genau so gut wie Futter mit tierischem Eiweiß.
Es gibt viele Gründe, warum ein Hund eine bestimmte Diät einhalten muss. Ob eine Diät angebracht ist und wenn ja welche, sollte nur der Tierarzt entscheiden. Diätfutter bekommen Sie entweder direkt beim Tierarzt oder in guten Fachgeschäften.

men sie kleine Portionen geeigneter fester Nahrung zugefüttert. Manche Züchter füttern Fertigmilch und Fleischmahlzeiten in kleinen Mengen von Anfang an und erhöhen die Mengen bis zur Entwöhnung allmählich. Mit sieben oder spätestens acht Wochen sollten die Welpen vollständig entwöhnt sein und mit einem speziellen Welpenfutter ernährt werden. Wichtig ist, dass man ein qualitativ hochwertiges Futter wählt, weil die Welpen innerhalb des ersten Lebensjahres am meisten wachsen. In diesem Punkt kann auch der Tierarzt weiterhelfen. Obwohl die Zahl der Mahlzeiten im Lauf der Zeit reduziert wird, bekommt der Hund erst ab einem Alter von achtzehn Monaten ein Futter für erwachsene Hunde.

Du bist, was du isst! Das gilt auch für Alaskan Malamutes. Wählen Sie ein Futter, das Ihr Tierarzt, Züchter oder Ausbilder empfiehlt.

Das richtige Futter

Es ist nicht leicht, das richtige Fertigfutter zu finden. Die Tierärzte sind sich einig, dass die richtige Zusammensetzung des Futters sehr wichtig ist (Eiweiß, Fette, Ballaststoffe, Feuchtigkeitsgehalt, Asche, Mineralstoffe). Es stimmen zwar alle überein, dass Fütterungsrichtlinien wichtig sind, aber man muss den einzelnen Hund betrachten. Gewicht, Alter, Aktivität und Geschmack müssen berücksichtigt werden. Die Ansprüche der Hunde an das Futter sind unterschiedlich. Sie ändern sich sogar während eines Hundelebens. Haben Sie ein geeignetes Futter gefunden, bleiben Sie dabei und variieren ab und zu mit Brühe, Joghurt oder anderen Zusätzen. Sie sollten aber nicht ständig Fleisch oder Getreideprodukte hinzufügen, da sonst ein Ungleichgewicht der einzelnen Nährstoffe entstehen kann, Fertigfutter sind nämlich als Alleinfutter gedacht.

Für die Vitalität ist es wichtig, dass das Futter Ihres Malamutes ausgewogen ist. Viele Malamute haben Probleme mit der Zinkaufnahme. Dies verschlimmert sich oft durch zusätzliche Calciumgaben. Sprechen Sie mit Ihrem Tierarzt über die Verabreichung eines Zinkpräparates.

Nahrung für Welpen und Junghunde ist in der Regel gut auf die Bedürfnisse der Hunde in diesem Lebensabschnitt ausgerichtet, so dass es, außer in bestimmten Fällen, unnötig und oft sogar schädlich ist, Vitamine, Mineralstoffe und Proteine zuzufüttern.

Die Ernährung des erwachsenen Hundes

Ein Hund ist dann erwachsen, wenn er sowohl in der Höhe als auch in der Breite ausgewachsen ist. Das Gewicht sollte kein Kriterium für den Wechsel vom Welpenfutter zum Futter für den erwachsenen Hund sein. Ihr Hund darf keinesfalls überfüttert werden und so übergewichtig werden. Verlassen Sie sich auch hier auf den Rat des Tierarztes. Die führenden Futtermittelhersteller haben sich auf verschiedene Futtersorten spezialisiert, und Sie brauchen nur noch die für Ihren Hund geeignete auszuwählen. So muss etwa ein Malamute, der vor dem Schlitten arbeitet, anders gefüttert werden als ein Familienhund.
Ein Alaskan Malamute ist frühestens mit zwei Jahren ausgewachsen. Bis er seine Leistungsfähigkeit voll entwickelt hat, kann es weitere zwölf bis achtzehn Monate dauern.

Die Ernährung des alternden Hundes

Wenn Hunde alt werden, verändert sich ihr Stoffwechsel. Der ältere Hund arbeitet normalerweise weniger, bewegt sich langsamer und schläft mehr. Diese Veränderungen im Lebensstil und in den physiologischen Vorgängen im Körper erfordern eine

Umstellung der Ernährung. Da sie allmählich vor sich gehen, sind sie nicht so deutlich zu erkennen. Leicht erkennbar ist aber eine Gewichtszunahme. Gibt man dem älteren Hund weiter die gleichen Portionen eines Futters für erwachsene Hunde, wird er zunehmen. Übergewicht verstärkt die Gesundheitsprobleme des alten Hundes, die in diesem Alter sowieso auftreten.
Wenn Ihr Hund älter wird, lässt auch die Leistungsfähigkeit der Organe etwas nach. Die Nieren arbeiten langsamer, und die Verdauung geschieht weniger effektiv. Diese altersbedingten Faktoren lassen sich am besten mit einer veränderten Fütterung und leichter verdaulichen, kleineren Portionen in den Griff bekommen.
Es gibt keine Diät, die für jeden alten Hund die beste ist. Während die einen ein Light- oder Senior-Diätfutter am besten vertragen, bekommt anderen am ehesten ein Welpenfutter oder ein spezielles Futter auf Reis-Lamm-Basis. Achten Sie sorgfältig auf die

Was füttern Sie Ihrem Hund?

- 1,3 % Calcium
- 1,6 % Fettsäuren
- 4,6 % Ballaststoffe
- 11% Feuchtigkeit
- 14 % Rohfett
- 22% Roheiweiß
- 45,5 % ???

Lesen Sie die Angaben auf Ihrer Futterpackung. Die meisten Hersteller deklarieren nur etwa 50 - 55% der Inhaltsstoffe. Der Rest bleibt im Dunkeln.

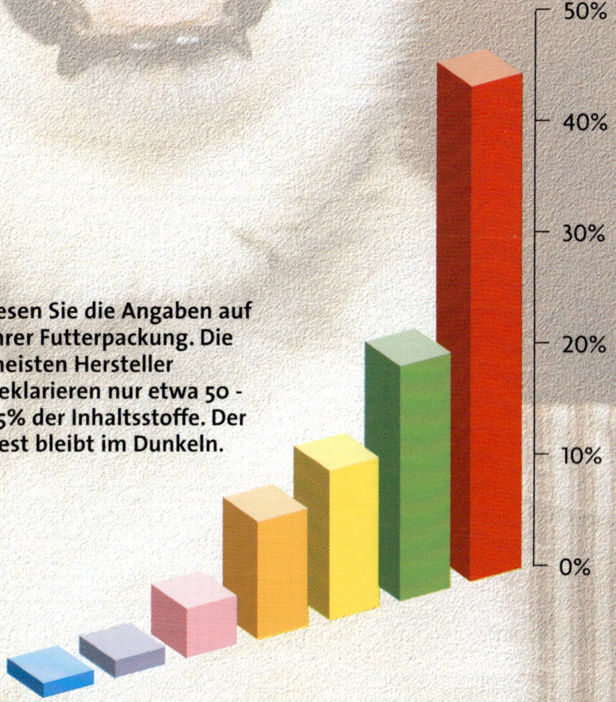

Frisches Wasser ist für die Gesundheit Ihres Malamute genauso wichtig wie nahrhaftes Futter.

Ernährung Ihres alternden Alaskan Malamute, denn die richtige Fütterung hilft Ihnen, die Probleme Ihres alten Freundes in den Griff zu bekommen.

Wasser

Genau wie die Nährstoffe im Futter ist auch Wasser ein wichtiges Nahrungselement. Wasser versorgt den Organismus mit der notwendigen Flüssigkeit und ist wichtig für viele Körperfunktionen. So lange der Welpe noch nicht stubenrein ist, sollte man darauf achten, wieviel er trinkt. Wenn er dann stubenrein ist, sollte er jederzeit Zugang zu frischem Wasser haben. Achten Sie darauf, dass der Napf sauber ist und das Wasser oft gewechselt wird.

Bewegung

Alle Hunde, egal welcher Rasse, brauchen Bewegung. Ein bewegungsarmes Leben schadet Hunden genauso wie Menschen. Der Alaskan Malamute ist eine sehr lebhafte, aktive Rasse, die sehr viel Auslauf braucht. Regelmäßige Spaziergänge und das Herumtollen im Garten sind das Mindeste an Bewegung für einen Malamute. Weitaus besser sind ausgedehnte Wanderungen oder gemeinsames Joggen, nicht nur bei schönem Wetter.

Bewegung ist nicht nur für die körperliche, sondern auch für die psychische Auslastung unerlässlich. Ein gelangweilter Hund wird sich selbst eine Beschäftigung suchen, was sich oft in zerstörerischem Verhalten zeigt. So gesehen ist die ausreichende Bewegung des Hundes auch für Ihre Nerven von Vorteil! Ideal ist natürlich eine sportliche Betätigung.

Die Pflege

Für große Rassen mit dichtem Fell ist geeignetes Zubehör für die Fellpflege unbedingt notwendig. Das wunderschöne Haarkleid des Alaskan Malamute sollte schon regelmäßig gebürstet werden, um zu glänzen. Auch wenn es nicht dazu neigt zu verfilzen – Malamutes haben schließlich kein langes Fell –, sieht das gebürstete Fell doch immer etwas gepflegter aus. Neben der regelmäßigen Pflege ist eine gesunde Ernährung die Grundlage für ein glänzendes Fell, das typisch für einen gesunden Hund ist. Der erste Schritt zur richtigen Fellpflege ist die Auswahl der geeigneten Pflegeutensilien. Dafür sind beim Malamute nicht sehr viele Dinge nötig, da er noch ein richtiger „Naturbursche" ist. Regelmäßiges Bürsten ist aber in zweifacher Hinsicht nützlich. Einerseits hilft es, besonders während des Fellwechsels, wenigstens einen

Teil der Unmengen von Haaren außerhalb der Wohnung zu entfernen. Andererseits stärkt das regelmäßige Bürsten als eine soziale Verhaltensweise die Bindung zwischen Hund und Halter.
Es ist sehr empfehlenswert, bereits den Malamute-Welpen mit den Pflegemaßnahmen vertraut zu machen. Dazu gehört auch, dass Sie regelmäßig seine Ohren kontrollieren, seine Zähne begutachten, sowie seine Augen und seine Pfoten. Sie sollten ihn überall berühren können. Ein Welpe, der an diese regelmäßige Prozedur gewöhnt ist, wird sie leichter akzeptieren als ein erwachsener Hund. Außerdem erleichtert es Ihre Besuche beim Tierarzt, wenn der Hund mit Berührungen dieser Art nicht erst dann konfrontiert wird, wenn er womöglich Schmerzen hat.

Malamutes brauchen besonders viel Bewegung, um fit zu bleiben. Tägliche Spaziergänge, Joggen und freies Spielen sind wichtig für eine physische und psychische Ausgeglichenheit.

Pflegezubehör

Wieviel Pflegezubehör Sie sich anschaffen, hängt davon ab, wie sehr Sie sich mit der Pflege beschäftigen wollen. Als robuster Hund braucht der Malamute jedoch keine sehr aufwendige Ausstattung. Hier einige Beispiele:

- Zupfbürste
- Gummistriegel
- Krallenzange
- Ohrenreinigungsöl
- Handtücher
- Hundeshampoo
- Brauseschlauch
- Wattebäusche
- rutschfeste Unterlage

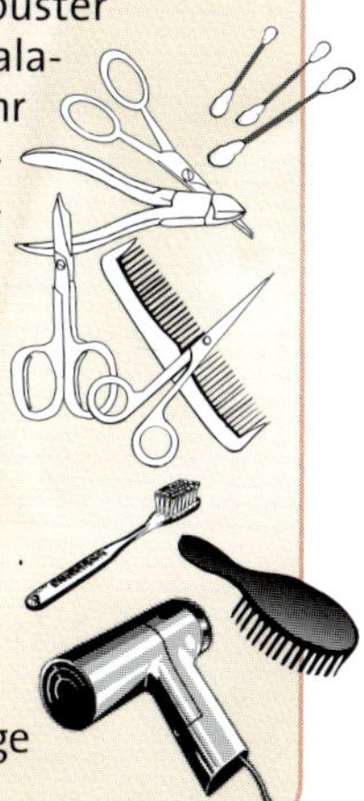

Baden

Hunde müssen nicht regelmäßig gebadet werden, aber manchmal ist es nicht zu umgehen, zum Beispiel dann, wenn sich der Hund in Mist gewälzt hat. Auch hier gilt wieder, je besser Sie bereits den jungen Hund daran gewöhnen, um so einfacher wird es auch später sein. Sie möchten sicher, dass sich Ihr Hund beim Baden entspannt verhält, ansonsten kann das Ganze für beide in einem nassen, seifigen Chaos enden!
Bürsten Sie Ihren Alaskan Malamute gründlich, bevor Sie sein Fell nass machen. So lassen sich verfilzte und

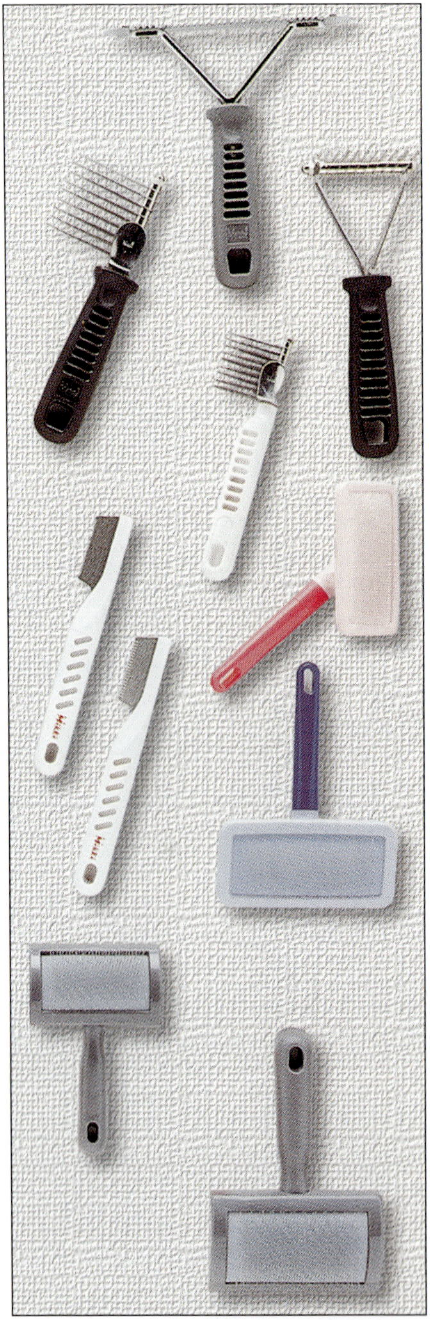

Im Zoofachhandel finden Sie alles Notwendige für die Pflege, besonders die Bürsten, die Sie brauchen, um das Fell Ihres Malamute gepflegt zu halten.

verklettete Haare besser entfernen als bei nassem Fell. Verwenden Sie eine rutschfeste Unterlage, auf der Ihr Hund stehen kann. Nun wird zuerst das Fell durchnässt, wofür Sie eine Brause oder einen Gartenschlauch brauchen. Achten Sie darauf, dass das Wasser nicht zu kalt und nicht zu heiß ist.

Als nächstes verteilen Sie das Shampoo gleichmäßig auf dem Fell und schäumen den Hund gut ein. Verwenden Sie nur ein spezielles Hundeshampoo und keinesfalls ein Produkt, das für Menschen bestimmt ist. Den Kopf waschen Sie zuletzt; denn Sie wollen ja nicht, dass Shampoo in die Augen des Hundes gerät, während Sie den übrigen Körper waschen. Massieren Sie das Shampoo bis auf die Haut ein. So können Sie auch gleich die Haut des Hundes auf Beulen, Zeckenbisse und andere Unregelmäßigkeiten hin untersuchen. Waschen Sie den Hund von oben bis unten und lassen Sie auch keine schlecht erreichbaren Körperstellen aus.

Nachdem Ihr Hund rundherum eingeschäumt wurde, muss das Shampoo wieder gründlich ausgespült werden. Shampoo, das im Fell zurückbleibt, kann die Haut reizen. Die Augen schützen Sie vor dem Shampoo, indem Sie die Hand darüber halten und das Wasser in die entgegengesetzte Richtung laufen lassen. Vermeiden Sie auch, dass Wasser in die Ohren gelangt. Machen Sie sich darauf gefasst, dass der Hund sich anschliessend schüttelt - gehen Sie am besten ein Stück weg. Achten Sie jedoch darauf, dass er zum Schütteln nicht durch das ganze Haus rennt.

Falls Sie den Hund zur Pflege auf einen Tisch stellen, sollten Sie als Unterlage eine rutschfeste Matte verwenden. Ein einfaches Tuch reicht nicht aus, weil es zu leicht rutscht.

Die Ohrenpflege

Die Ohren des Hundes sollten stets saubergehalten werden. Sollten Haare innerhalb des Ohres zu Problemen führen, können sie abgeschnitten werden. Der äußere Gehörgang kann bei Bedarf mit einem ölgetränkten Wattebausch oder einem speziellen Ohrreiniger für Hunde gesäubert werden. Achten Sie dabei auf Anzeichen für eine Entzündung oder einen Befall mit Ohrmilben. Falls sich Ihr Alaskan Malamute häufig am Ohr kratzt oder seinen Kopf schüttelt, deutet das auf ein Problem hin. Ein ungewöhnlicher Geruch aus den Ohren ist ein klarer Hinweis auf einen Befall mit Ohrmilben oder eine Infektion. In solchen Fällen sollte unbedingt der Tierarzt aufgesucht werden.

Manche Aussteller verwenden zur Pflege professionelle Pflegetische, aber bitte ohne Galgen! Ein leicht feuchtes Fell läßt sich leichter pflegen. Sprühen Sie deshalb das Fell vorher ein wenig ein.

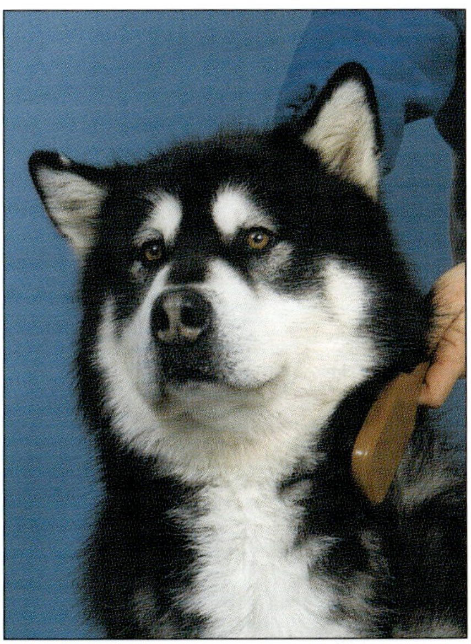

Die Krallenpflege

Ihr Alaskan Malamute sollte von klein auf mit der Krallenpflege vertraut gemacht werden, da diese Pflegemaßnahme auch später immer wieder mal notwendig werden kann. Abgesehen davon, dass gepflegte Pfoten besser aussehen, kann der Hund Verletzungen verursachen, wenn er jemanden anspringt oder

Tägliches Bürsten regt die natürliche Hautfettproduktion an und entfernt abgestorbenes Haar.

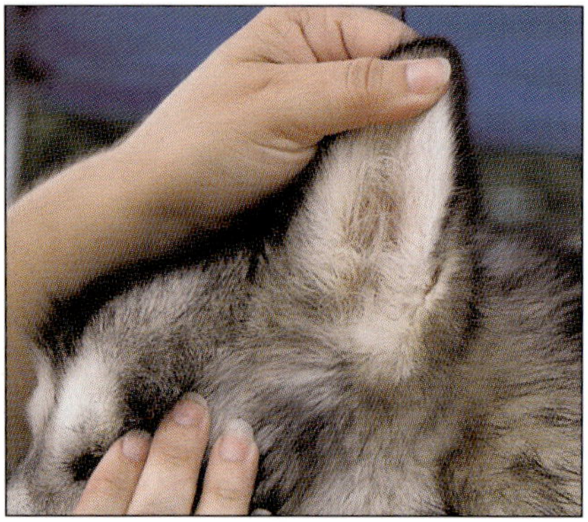

Vergessen Sie nicht, die Ohren regelmäßig zu kontrollieren. Suchen Sie den Tierarzt auf, wenn Sie Anzeichen einer Entzündung oder eines Milbenbefalls feststellen.

unabsichtlich kratzt. Eine lange Kralle kann auch leichter einreißen und bluten oder zu einem Spreizfuß führen. Als Faustregel gilt, dass die Krallen zu lang sind, wenn Sie sie beim Laufen auf festem Boden hören. Bevor Sie mit dem Schneiden beginnen, sollten Sie versuchen, das „Leben" in jeder Kralle sehen können. Das „Leben" ist ein Blutgefäß innerhalb der Kralle, welches fast bis an ihr Ende reicht. Wird es verletzt, blutet es stark und bereitet dem Hund große Schmerzen, da es auch Nervenenden enthält.

Legen Sie sich deshalb, bevor Sie mit dem Kürzen beginnen, für den Notfall etwas blutstillende Watte oder Puder bereit. Auf die Schnittstelle aufgetragen, bringt das die Blutung

Das richtige Shampoo

Badeprodukte für den Mensch, wie Seife, Schaumbad oder Shampoo, können die Haut und das Fell des Hundes schädigen. Diese Produkte sind zu stark und zerstören das wasserabweisende, schützende Hautfett auf Haut und Fell. Verwenden Sie nur spezielles Hundeshampoo oder ein tiermedizinisches Shampoo. Viele Mittel wirken gleichzeitig gegen Ungeziefer wie Flöhe oder Läuse.

Badetipp

Nachdem Sie das Fell gründlich ausgespült haben, streifen Sie das Wasser mit den Händen aus dem Fell und trocknen den Hund anschließend mit einem saugfähigen Handtuch ab. Sie können das Fell von selbst trocknen lassen oder einen Fön benutzen. Lassen Sie den Hund jedoch mit einem nassen Fell nie hinaus, wenn es kalt ist.

Im Handel gibt es auch Trockenprodukte in Form von Sprays und Puder, falls nur eine bestimmte Stelle im Fell gesäubert werden muss. Zwischendurch sind sie ganz praktisch, da sie nicht ausgespült werden müssen. Grundsätzlich braucht der Malamute aber keine regelmäßigen Bäder.

Wer einen Pflegetisch verwenden möchte, sollte den Hund schon als Welpen daran gewöhnen, dann wird der erwachsene Malamute zum Bürsten freiwillig hinaufspringen.

schnell zum Stillstand. Geraten Sie nicht in Panik, falls Sie das Blutgefäß verletzen. Stillen Sie einfach rasch die Blutung und beruhigen Sie Ihren Hund. Hat er sich wieder gefangen, machen Sie mit der nächsten Kralle weiter. Besser ist es, von Zeit zu Zeit nur ein kleines Stück abzuschneiden, besonders bei dunklen Krallen.

Halten Sie den Welpen ruhig, wenn Sie mit der Krallenpflege beginnen. Vermeiden Sie, dass er plötzliche Bewegungen macht oder wegläuft. Reden Sie beruhigend mit ihm und streicheln Sie ihn, bevor Sie beginnen. Halten Sie die Pfote in einer Hand und knipsen Sie schnell das Ende einer

Krallen schneiden

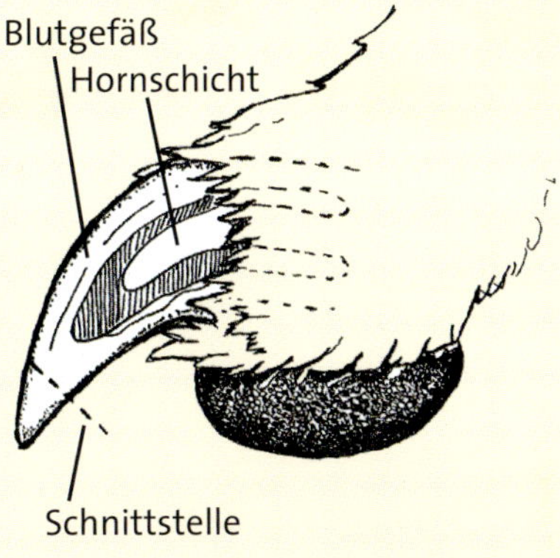

Dunkle Krallen

Bei stark pigmentierten Krallen ist es besser, von Zeit zu Zeit nur ein kleines Stück zu schneiden oder eine Feile zu benutzen. Denn die Blutgefäße sind nicht zu sehen.

Helle Krallen

Bei schwach pigmentierten Krallen ist das Schneiden einfach, weil man die Blutgefäße innerhalb der Kralle durchschimmern sieht.

Im Fachhandel bekommen Sie geeignete Krallenschneidgeräte für Hunde, die diese Tätigkeit einfacher und sicherer machen.

Nehmen Sie auf Reisen Wasser für den Hund mit.

jeden Kralle ab. Verwenden Sie dazu am besten eine spezielle Krallenzange für Hunde. Sie finden Sie normalerweise in jedem Geschäft für Heimtierbedarf.

Die Krallenpflege

Bewegt sich der Hund viel auf Asphalt oder Ähnlichem, wetzen sich die Krallen von selbst ab und brauchen oft gar nicht geschnitten zu werden. Außer vielleicht dann, wenn er mal eine Zeit lang nicht so oft draußen ist. Wie auch immer, jeder Hund sollte von klein auf an die Krallenpflege gewöhnt werden. Manche Hunde sind an den Pfoten besonders empfindlich. Aber wenn ein Hund das von klein auf kennt, sollte es ihn nicht beunruhigen. Bei Verletzungen der Krallen sollten Sie sich an Ihren Tierarzt wenden und nicht selber versuchen, die Krallen zu verarzten.

Reisetipp

Wenn Sie Ihren Hund in den Urlaub mitnehmen, vergewissern Sie sich vorher, dass die Mitnahme von Hunden im Hotel wirklich erlaubt ist. Nehmen Sie bei längeren Fahrten genügend frisches Wasser mit und legen Sie regelmäßige Pausen ein. Lassen Sie den Hund dabei aber immer an der Leine.

Reisen mit dem Hund

Autofahren

Sie sollten bereits den Welpen ans Autofahren gewöhnen. Ob Sie ihn nun gar nicht oder oft mit dem Auto mitnehmen, er muss doch zumindest ab und zu zum Tierarzt. Sie möchten sicher nicht, dass diese Fahrten für Sie und Ihren Hund zu einem traumatischen Erlebnis werden. Am sichersten ist der Hund während einer Autofahrt in seiner Box untergebracht. Falls Sie zuhause eine Kunststoffbox verwenden, können Sie diese auch für das Auto nehmen. Setzen Sie den Welpen in die Box und warten Sie ab, wie er reagiert. Fühlt er sich nicht wohl, sollte ihn ein Mitfahrer während der Fahrt auf den Schoß nehmen. Aber mit der Zeit werden Sie für den ausgewachsenen Hund eine andere Lösung finden müssen, zum Beispiel ein Sicherheitsgeschirr für Hunde, das den Hund ähnlich einem Sicherheitsgurt festschnallt. Keinesfalls darf sich der Hund frei im Auto bewegen, das ist äußerst gefährlich! Bei einer Voll-

Reisetipp

Lassen Sie Ihren Hund nie länger allein im Auto. Ist es heiß, steigen die Temperaturen im Auto sehr schnell, und Ihr Hund kann an einem Hitzschlag sterben. Auch wenn das Auto im Schatten steht, kann es sich schnell aufheizen. Ein geöffnetes Fenster kann gefährlich werden, wenn Ihr Hund versucht, hinaus zu kommen, und sich verletzt.

bremsung kann der Hund durch das Auto geschleudert werden. Falls der Hund während der Fahrt auf Ihnen herum klettert und Sie stört, können Sie sich nicht auf die Straße konzentrieren. Das ist eine unsichere Situation für Mensch und Hund, und keine Versicherung haftet dafür!

Planen Sie auf langen Reisen Pausen ein, damit der Hund sich lösen kann. Nehmen Sie eine Küchenrolle oder einige alte Handtücher mit, um seine Hinterlassenschaften zu beseitigen und für den Fall, dass ihm während der Fahrt ein „Malheur" passiert oder er reisekrank wird.

Flugreisen

Es ist möglich, Ihren Hund im Flugzeug mitzunehmen. Da dies eher selten vorkommt, erfordert es eine besonders sorgfältige Planung. Der Hund muss in einer Kunststoffbox untergebracht werden, und Sie sollten sich bei der Fluglinie frühzeitig nach den speziellen Bestimmungen erkundigen. Geben Sie eines seiner Lieblingsspielsachen in die Box, damit sich der Hund etwas wohler fühlt. Mindestens sechs Stunden vor der Reise sollte er nicht mehr gefüttert werden, damit er sich möglichst nicht lösen muss. Wasser muss dem Hund jedoch während des Flugs stets zur Verfügung stehen.

Sorgen Sie dafür, dass Ihr Hund einwandfrei zu identifizieren ist und alle nötigen Daten (auch Ihre Zieladresse!) sowohl am Halsband als auch an der Box angebracht sind. Tiere werden in einem anderen Bereich des Flugzeugs untergebracht als Menschen. Deshalb muss jede Vorschrift strikt eingehalten werden, damit Sie Ihren Hund nicht verlieren.

Das ist die traditionelle und bevorzugte Art des Malamute zu reisen!

Reisetipp

Lassen Sie Ihren Hund während einer Reise in unbekanntes Gebiet nicht ohne Leine laufen. Er könnte aus Angst oder um ein Eichhörnchen oder eine Katze zu jagen, weglaufen oder großräumig die Umgebung erkunden - so kann es sein, dass Sie Ihren Vierbeiner nie wieder sehen.

Reisen ins Ausland

Bei Reisen ins Ausland sollten Sie sich schon einige Monate vor Reiseantritt nach den Einreisebestimmungen für Tiere erkundigen. Es kann sein, dass Ihr Hund spezielle Gesundheitsbescheinigungen und Impfungen benötigt, die er bereits eine bestimmte Zeit vorher erhalten haben muss. Falls Sie den Hund auf eine Flugreise mitnehmen möchten, sollten Sie sich rechtzeitig über die Bestimmungen dafür informieren. Hunde müssen auf jeden Fall angemeldet werden und können nicht mit jedem Flugzeug reisen.

Der Hund im Urlaub

Sie möchten also Familienurlaub machen und alle Familienmitglieder dabei haben. Natürlich buchen Sie die Unterkunft für die Familie für jeden Urlaub im Voraus, jedoch ist dieser Schritt besonders wichtig, wenn einer der Mitreisenden ein Hund ist. Sie wollen bestimmt nicht das Risiko eingehen, eine Übernachtung im einzigen Hotel weit und breit einzuplanen, um dann festzustellen, dass dort keine Hunde erlaubt sind. Erkundigen Sie sich also rechtzeitig, ob Hunde erlaubt sind, egal ob Sie ein Hotel, eine Ferienwohnung oder einen Campingplatz buchen. Falls Sie ins Ausland reisen, erkundigen Sie sich außerdem nach Einreiseformalitäten für den Hund.

Wenn Sie sich alternativ dafür entscheiden, den Urlaub ohne Ihren Alaskan Malamute zu verbringen, müssen Sie dafür sorgen, dass sich während Ihrer Abwesenheit jemand um ihn kümmert. Sie könnten ihn während Ihres Urlaubs auch bei einem Nachbarn unterbringen, der sich mit Hunden auskennt und mit Ihrem Malamute klarkommen wird. Vielleicht

Falls Sie Ihren Malamute in eine Hundepension geben, überzeugen Sie sich davon, dass dies sauber, geräumig und in einem guten Zustand ist. Die Pfleger sollten sich ausgiebig mit Ihren Schützlingen beschäftigen sowie freundlich und sorgsam mit ihnen umgehen.

könnte der Nachbar auch vorübergehend in Ihrem Haus beim Hund wohnen. Sie können Ihren Hund aber auch in einer guten Hundepension unterbringen. Sehen Sie sich die Unterkunft vorher an und prüfen Sie, ob man sich dort mit den Hunden beschäftigt, sie Auslauf haben und ob alles sauber ist. Sie wissen, dass sich Ihr Alaskan Malamute ohne seine gewohnten Aktivitäten nicht wohl fühlt. Erkundigen Sie sich nach den erforderlichen Impfungen und sonstigen Bestimmungen. Wo viele Hunde zusammen gehalten werden, können sich Krankheiten leichter ausbreiten. Sagt Ihnen die Hundepension zu, melden Sie Ihren Malamute am besten schon ein paar Wochen im Voraus an.

Die Kennzeichnung des Hundes

Ihr Alaskan Malamute ist Ihnen ein wertvoller Gefährte und Freund. Deshalb behalten Sie ihn stets im Auge und haben sich vergewissert, dass er nicht durch den Zaun aus dem Garten verschwinden oder sich sein Halsband abstreifen kann. Trotzdem kann es zu unvorhersehbaren Zwischenfällen kommen, in denen Sie plötzlich von Ihrem Hund getrennt werden. Wenn es zu einem solch unglücklichen Zwischenfall kommt, werden Sie Ihren Hund so schnell wie möglich wieder finden wollen. Eine einfache und schnelle Identifizierungsmöglichkeit wie eine Marke, eine Tätowierung oder ein Mikrochipimplantat erhöht die Chancen, dass Sie Ihren Hund schnell und gesund zurückerhalten.

Die Kennzeichnung

Falls Ihr Hund wegläuft und sich verläuft, kann er nicht nach dem Weg nach Hause fragen. Adressanhänger, die am Halsband befestigt werden, enthalten wichtige Informationen - den Namen des Hundes, die Adresse des Besitzers und eine Telefonnummer, unter der Sie zu erreichen sind. Das macht es jedem, der den Hund finden

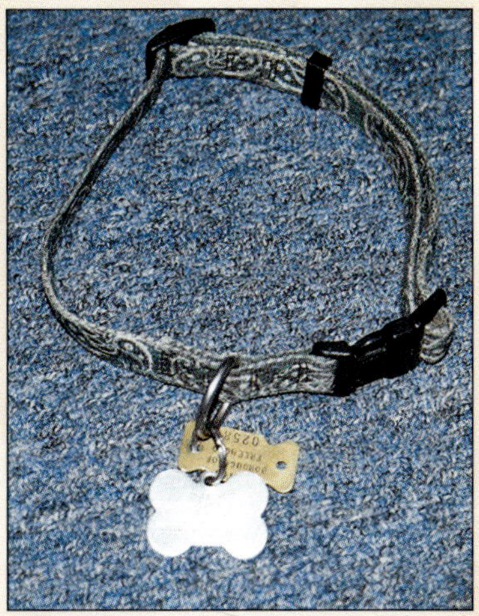

det, leicht, den Vierbeiner seinem Besitzer zurück zu bringen. Ein weiterer Vorteil ist der, dass jemand sich einem entlaufenen Hund eher dann nähert, wenn dieser ein Halsband mit Adressanhänger trägt; so weiß die Person, dass der Hund kein Streuner, sondern ein geliebtes Heimtier ist.
Hunde aus anerkannten Zuchtverbänden sind mit einer Nummer tätowiert, die auch in der Ahnentafel vermerkt ist, und oft mit einem Mikrochip ausgestattet!

Stubenreinheit und Erziehung des Alaskan Malamute

Das Leben mit einem unerzogenen Hund ist ein wenig so, als hätte man ein Klavier, ohne zu wissen, wie man darauf spielt. Es ist schön anzuschauen, mehr aber nicht. Nimmt man aber Klavierunterricht, erwacht das Klavier plötzlich zum Leben. Es erklingen Töne und Rhythmen, die das

Jeder Hund muss erzogen werden, und es ist absolut wichtig, dass der Besitzer es mit der Erziehung ernst nimmt. Malamute-Besitzer tun sich dabei meist schwer, da Instinkt und Sturkopf den „Normalbürger" oft verzweifeln lassen.

Wieso Erziehung?

Wenn Sie einen normalen, gesunden Hund haben, ihm Zeit und Geduld entgegenbringen und ihn sorgfältig ausbilden, werden Sie die Früchte dieses Trainings ein Hundeleben lang ernten können. Und was für ein Leben das sein wird! Sie beide werden sehr viel Freude an Ihrer Freundschaft haben, die Sie gemeinsam mit Liebe, Respekt und Verständnis aufgebaut haben.

Herz zum Singen und den Körper zum „Swingen“ bringen.

Ähnlich ist es mit einem Alaskan Malamute. Jeder Hund bedeutet Verantwortung. Wird er nicht vernünftig erzogen, kann er inakzeptable Verhaltensweisen entwickeln, die ärgerlich sind und regelrechte Familien- und Nachbarschaftskonflikte verursachen können.

Bilden Sie Ihren Alaskan Malamute aus! Melden Sie sich möglichst zu einem Hundeerziehungskurs an. Wenn Sie selbst lernen, warum sich Ihr Hund so und nicht anders verhält, ist es einfacher, ihn zu verstehen und zu erziehen. Finden Sie heraus, wie Sie sich Ihrem Hund verständlich machen können, und lernen Sie, seine Signale an Sie zu erkennen und zu verstehen. Sie werden Ihren Hund mit völlig anderen Augen sehen. Er ist klug, interessiert und wohlerzogen; es macht Spaß, mit ihm zusammen zu sein. Er zeigt Ihnen seine Zuneigung täglich aufs neue. Mit anderen Worten: Ihr Alaskan Malamute wirkt Wunder für Ihr Ego! Er erinnert Sie ständig daran, dass Sie nicht nur sein Herr, sondern einfach der Größte für ihn sind! Wundersame Dinge sind geschehen - Sie haben einen wunderbaren Hund (sogar Ihre Familie und Freunde werden die Veränderungen bemerken!).

Experten, die als Hundeausbilder tätig sind oder Hundehalter zu den Verhaltensweisen ihrer Hunde beraten, haben interessante Entdeckungen zum Thema Hundehaltung gemacht.

Wussten Sie?

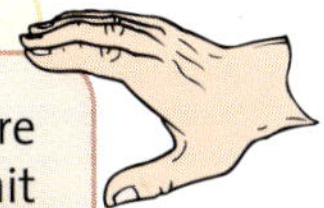

In den Augen des Hundes ist Ihre Hand so etwas wie sein Maul, mit dem er sich, wenn nötig, verteidigt. Wenn Sie ihn zu stark drücken, schnappt er vielleicht nach Ihnen, denn das ist seine natürliche Antwort und nicht aggressiv gemeint. Obwohl keinerlei Schnappen oder Beißen toleriert werden darf, müssen Sie lernen, richtig mit Ihrem Hund umzugehen.

Trainingstipp

Einen Hund zu erziehen, ist eine Erfahrung fürs Leben. Viele Eltern sagen, daß Ihnen die Aufzucht eines Hundes viel Wissen über die Erziehung ihrer Kinder gebracht hat. Hunde reagieren wie Kinder auf Liebe, Gerechtigkeit und Führung. Werden Sie ein guter Hundebesitzer und so vielleicht noch bessere Eltern.

Obwohl man auch einen erwachsenen Hund erziehen kann, ist es beim Welpen ungleich leichter. Nutzen Sie die leichte Erziehbarkeit des Welpen.

Kleine Tricks

Finden Sie die natürlichen Talente Ihres Hundes heraus und fördern Sie sie. Ist Ihr Hund immer fröhlich und aufgeweckt? Einem Alaskan Malamute Zirkuskunststücke beizubringen wirkt vielleicht etwas albern. Aber wenn es beiden Spaß macht, die Kunststücke nicht dem natürlichen Bewegungsablauf entgegen stehen und für die Gesundheit Ihres Hundes nicht schädlich sind, kann man nichts dagegen sagen.

So bringt zum Beispiel die Erziehung bereits im Welpenalter die höchste Erfolgsrate, um später einen wohlerzogenen, anpassungsfähigen erwachsenen Hund zu bekommen. Die Ausbildung eines älteren Hundes im Alter von sechs Monaten bis sechs Jahren bringt oftmals die gleichen Resultate. Vorausgesetzt, der Besitzer akzeptiert, dass ein Hund in diesem Alter nicht mehr so schnell lernt wie ein Welpe und ihn mit der nötigen Geduld dabei unterstützt, seine Fähigkeiten auch jetzt noch voll zu entfalten. Unglücklicherweise ist es genau diese Geduld, die so vielen Besitzern unerzogener erwachsener Hunde fehlt! Sie halten einfach nicht so lange durch, bis ihr Hund ein bestimmtes Verhalten gelernt hat.
Das Training mit Welpen im Alter von acht bis sechzehn oder höchstens zwanzig Wochen ist vergleichbar mit einem trockenen Schwamm, den man in ein Wasserbecken legt. Wie der

Die Stimme richtig einsetzen

Hunde spüren die Stimmungen und Gefühle ihres Menschen. Setzen Sie Ihre Stimme überlegt ein, wenn Sie mit Ihrem Hund kommunizieren. Werden Sie nur laut, wenn es die Situation wirklich erfordert. Ansonsten wird das für den Hund bedeutungslos, und er stumpft ab.

Die Mahlzeit

Die Fütterung sollte in aller Ruhe stattfinden. Ist Ihr Hund gezwungen, zu hastig und in größter Eile zu fressen, kann dies zu gesundheitlichen Problemen und Verdauungsschwierigkeiten führen. Stellen Sie Futter- und Wassernapf nicht in die Bereiche der Wohnung, wo dauernd viel los ist. Füttern Sie den Hund möglichst in einer ruhigen Ecke, wo er ungestört fressen kann und nicht im Weg ist.

Schwamm das Wasser, so nimmt der Welpe alles auf, was Sie ihm zeigen, und wartet begierig auf neue Dinge, die er ausprobieren und lernen kann. Neugierig erforscht er seine Umgebung und lernt, wie er sich mit Artgenossen und Menschen verständigen kann. In diesem Alter ist seine Lernbereitschaft am ausgeprägtesten, denn sein Körper produziert kaum Sexualhormone, die ihn ablenken könnten. Sie sind sein Herr, Sie geben ihm Futter, Wasser, Schutz und Sicherheit. Sein Instinkt sagt ihm, dass er verloren ist, falls er irgendwo allein zurück bleibt. Deswegen schließt er sich Ihnen an und bleibt in Ihrer Nähe. Er folgt Ihnen von einem Zimmer ins andere, er wird Sie kaum aus den Augen lassen, wenn Sie mit ihm draußen sind. Auf fremde Menschen und Tiere wird er so reagieren, wie er es bei Ihnen beobachtet. Wenn Sie beispielsweise einen Freund herzlich begrüßen, wird auch er freudig auf diese Person zugehen. Wenn Sie jedoch der Annäherung eines Fremden irgendwie zögernd oder gar ängstlich begegnen, wird er sich ebenso verhalten.

Wenn er älter wird, wird er zunehmend selbstsicherer und unabhängiger. Manchmal ignoriert er sogar Ihre Aufforderung, bei Ihnen zu bleiben. Wenn dieses Verhalten zum Problem wird, gibt es zwei Möglichkeiten: Man gibt den Hund ab oder erzieht ihn. Es ist dringend geraten,

Meist sind Malamutes dickköpfig, andere wieder lernen schnell und bewähren sich in verschiedenen Sparten des Hundesports, wie hier beim Agility.

Wussten Sie schon?

Hunde sind ganz besondere Haustiere. Sie betrachten den Mensch als eine Art Hund, denn sie kommunizieren mit uns und akzeptieren den Menschen bei richtiger Haltung als ihren Rudelführer. Kinder hingegen erkennen sie nicht als Autorität an und verhalten sich ihnen gegenüber anders als Erwachsenen gegenüber.

sich für Letzteres zu entscheiden. Normalerweise finden Erziehungskurse in einigermaßen erreichbarer Nähe statt, aber trotzdem müssen Sie viel selbst mit Ihrem Hund üben. Manche Kurse in können auch sehr teuer

Welpen gehen immer in die Hocke, wenn sie „müssen". Wenn sie älter werden, lernen Rüden, beim Urinieren das Bein zu heben. Das machen sogar manche Hündinnen!

sein. Die folgenden Seiten sollen Ihnen helfen, die ein oder andere Übung selbst durchzuführen. Schließlich gehören alle angesprochenen Kommandos zur absoluten Grundausbildung. Wenn Sie die empfohlenen Vorgehensweisen Schritt für Schritt vertrauensvoll befolgen, werden Sie und Ihr Hund durch den eintretenden Erfolg belohnt.

Ganz gleich, ob Ihr Malamute nun ein Welpe oder bereits erwachsenen ist, die Trainingsmethoden und Techniken, mit denen bestimmte Grundverhaltensweisen vermittelt werden, sind im Grunde dieselben: Kein Hund - ganz gleich welchen Alters - mag brutale oder unmenschliche Behandlung. Aber alle Lebewesen sprechen gern auf sanfte, motivierende Methoden an und reagieren besonders auf Lob und Aufmunterung. In diesem Sinne: An die Arbeit!

Wussten Sie?

Während Sie Ihren Hund erziehen, erzieht er gleichzeitig auch Sie. Hunde tun viel, um Ihre Aufmerksamkeit zu bekommen. Sie wiederholen dann all das, womit sie ihr Ziel erreichen konnten.

Tipp zur Stubenreinheit

Legen Sie den Schlafbereich des Hundes nie mit Zeitungspapier aus. Welpen werden oft auf Zeitungspapier aufgezogen, und der Welpe wird die Zeitung sofort mit dem Entleeren verknüpfen. Legen Sie, während er sauber wird, auch kein Zeitungspapier auf den Boden, das würde den Welpen verwirren. Wollen Sie eine Zeitung verwenden, legen Sie sie ausschließlich dort aus, wo der Welpe sich lösen soll. Beobachten Sie die Wasseraufnahme nach der letzten Mahlzeit am Abend. Lassen Sie den Welpen abends nicht zu viel trinken.

Erziehung zur Stubenreinheit

Sie können einem Welpen beibringen sich zu lösen, wo immer Sie wollen, aber der Platz muss dafür geeignet sein. Denken Sie von Anfang an daran, dass Sie die Hinterlassenschaften Ihres Hundes in öffentlichem Gelände sofort entfernen. Nehmen Sie stets kleine Plastiktüten oder Ähnliches mit. Draußen kann Ihr Welpe an einen bestimmten Untergrund wie Gras, Erde oder betonierte Flächen gewöhnt werden. Im Haus

Die Entwicklung des Hundes

Es ist wichtig zu wissen, welche Entwicklungsschritte der Welpe auf dem Weg zum erwachsenen Hund durchläuft.
Wenn Sie einen Welpen haben, können Sie anhand dieser Tabelle ungefähr sehen, in welcher Phase er sich gerade befindet. Dieses Wissen wird Sie in den folgenden Wochen und Monaten im Umgang mit dem Welpen unterstützen.

Periode	Alter	Merkmale
1. bis 3. Phase	**Bis zur siebten Woche**	Der Welpe braucht Futter, Schlaf und Wärme, er reagiert auf freundliches Streicheln. Die Mutter gibt Sicherheit und sorgt für die erste Erziehung. Er braucht die Wurfgeschwister, um Sozialverhalten zu lernen. Der Welpe lernt, sich in ein Rudel zu integrieren und einen Rudelführer zu akzeptieren. Er nimmt seine Umgebung zunehmend bewusst wahr. Erste Sozialisierungsschritte mit Menschen jeden Alters sind wichtig.
4. Phase	**8. bis 12. Woche**	Das Gehirn ist voll entwickelt. Der Welpe muss in seiner Umwelt sozialisiert werden. Er wird von Mutter und Geschwistern getrennt und kommt ins neue Zuhause. Der Welpe muss den menschlichen Rudelführer anerkennen. Die Angstperiode tritt zwischen der achten und sechzehnten Woche auf. Vermeiden Sie Furcht und Schmerz. Erziehen Sie Ihren Hund liebevoll und konsequent.
5. Phase	**13. bis 16. Woche**	Der Welpe braucht weiterhin viel Kontakt zu Menschen, Artgenossen und seiner Umwelt. Erziehen Sie Ihren Hund weiterhin konsequent, beständig und gerecht. Der natürliche Fluchtinstinkt ist vorhanden. Starke Unterdrückung und eine Erziehung mit Zwang kann zu irreparablen Schäden führen. Loben Sie ihn für gutes Verhalten.
Juvenile Phase	**4. bis 8. Monat**	Weitere Angstperiode mit etwa sieben bis acht Monaten. Diese geht schnell vorbei, aber vermeiden Sie Angst und Schmerz. Die Geschlechtsreife wird erreicht. Dominante Verhaltensweisen festigen sich. Ihr Hund sollte die Kommandos „Sitz“, „Platz“, „Hier“ und „Bleib“ beherrschen.

Anmerkung: Dies ist nur ein ungefährer Zeitrahmen. Einzelne Unterschiede bei den Welpen sind zu berücksichtigen.

empfiehlt sich die Verwendung von Zeitungspapier.
Hat man sich für einen bestimmten Untergrund und einen bestimmten Ort entschieden, sollte man auch dabei bleiben. Gewöhnt man den Welpen erst an Gras und überlegt es sich zwei Monate später anders, ist das sowohl für den Hund als auch für den Besitzer sehr schwierig.

Trainingstipp

Geben Sie Ihrem Hund ein Kommando, sollten Sie aufrecht stehen und entschlossen wirken. Geben Sie grundsätzlich keine Kommandos, wenn Sie gerade liegen. Wenn Sie ein Kommando auf allen Vieren geben, nimmt Ihr Hund an, dass Sie ihn zum Spiel auffordern und wird nicht auf das Kommando hören.

Tipp zur Stubenreinheit

Möchten Sie, dass der Welpe zu seinem Löseplatz geht, ermuntern Sie ihn, Ihnen dorthin zu folgen. Sie können ihn auch an der Leine führen. Hat er es recht eilig, nehmen Sie ihn auf den Arm und tragen ihn

schnell zu seinem Löseplatz. Ansonsten kann es sein, dass er es nicht mehr so lange aushält, bis Sie mit ihm dorthin gegangen ist.

Als nächstes überlegen Sie sich ein Kommando, das Sie ausnahmslos jedes Mal benutzen wollen, wenn sich Ihr Welpe lösen soll. Da gibt es viele Möglichkeiten. Häufig gebraucht wird zum Beispiel: „Beeil` dich“ oder „Mach ein Bächlein!“
Sagen Sie dieses Kommando jedes Mal bevor Sie mit dem Welpen hinaus gehen. Wenn ihm das in Fleisch und Blut übergegangen ist, werden Sie beim erwachsenen Hund schon an seiner Reaktion auf Ihr Kommando erkennen können, ob er wirklich muss oder nicht. Aufgeregtes Umherlaufen, Schwanzwedeln und Begeisterung bedeuten unverkennbar „Ja!“.

Die üblichen Zeiten

Welpen müssen sich nach dem Spielen, Fressen und Schlafen lösen. Außerdem sollten Sie den kleinen Hund sofort hinaus bringen, wenn er Anstalten macht, sich hinzusetzen, um zu urinieren oder ein Häufchen zu machen. Die Muskulatur von Blase

Eine goldenen Regel

Die folgende Regel der Hundeerziehung ist recht einfach. Auf jedes Kommando kann es nur eine richtige Reaktion geben. Üben Sie ein Kommando, bis Ihr Hund es ohne Zögern korrekt ausführt. Wiederholen Sie es ein paar Mal, ohne jedoch das Training monoton zu gestalten. Genau wie wir Menschen langweilen sich auch Hunde, und die Aufmerksamkeit schwindet!

und Verdauungstrakt ist beim Welpen noch nicht voll entwickelt. Deshalb „müssen" Welpen, genauso wie Babys, ziemlich häufig.

Gehen Sie mit Ihrem Welpen oft hinaus, im Alter von acht Wochen etwa

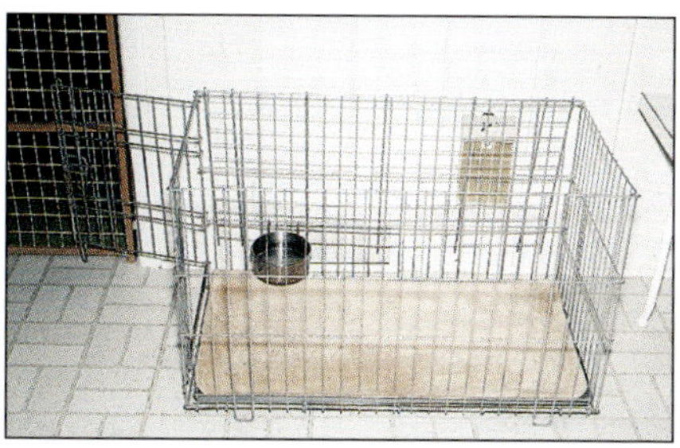

stündlich und immer sofort nach dem Schlafen, Fressen und Spielen. Je älter der Welpe wird, um so besser hat er seine Schließmuskeln unter Kontrolle und umso seltener muss er sich lösen. Dem erwachsenen gesunden Hund reichen dann über den Tag verteilt die drei bis fünf Male, die Sie mit ihm spazieren gehen.

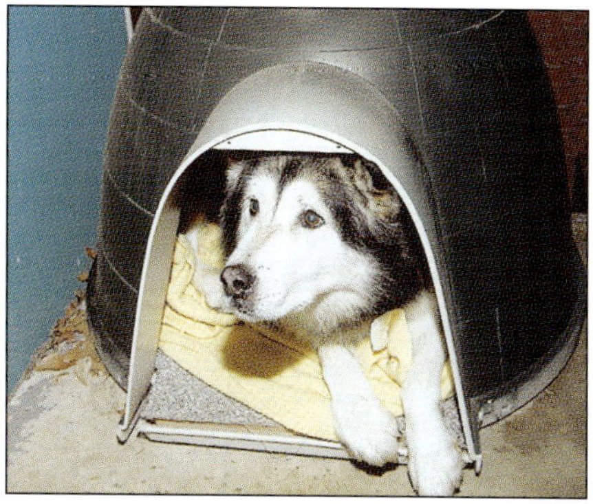

Was könnte besser zu dieser Malamute-Schönheit passen als ein Iglu? Zoofachgeschäfte bieten verschiedene Arten von Hundehütten für drinnen und draußen an.

Die Unterbringung des Welpen

Da der schnelle Erfolg bei der Erziehung zur Stubenreinheit eng mit der Art der Unterbringung des Welpen zusammenhängt, sollen hier noch einige wichtige Punkte angesprochen werden, bevor es ans Training geht.

Übung macht den Meister!

- Üben Sie täglich mehrmals für kurze Zeit mit Ihrem Welpen - drei bis fünf Mal am Tag für jeweils einige Minuten sind ideal.
- Gestalten Sie die Übungen abwechslungsreich. Der Hund langweilt sich sonst.
- Trainieren Sie nie, wenn Sie müde, krank, besorgt oder in einer anderen negativen Stimmung sind. Das überträgt sich auf den Hund und wirkt sich ungünstig auf das Training aus.

Üben Sie mit Freude und denken Sie immer positiv! Beenden Sie jede Trainingseinheit mit einer gelungenen Übung und geizen Sie nicht mit Lob.

Gitterboxen sind gut für die Wohnung geeignet. Stellen Sie dem Welpen besser keinen Wassernapf in die Box. Er könnte ihn sonst umkippen, wenn er in der Box ist.

Bringt man einen Welpen in sein neues Heim und lässt ihm dort freien Lauf, ist das ungefähr so, als würde man ein Kind in ein Sportstadion bringen und ihm sagen, dies gehöre alles ihm! Es könnte die Dimension nicht verkraften.
Bieten Sie Ihrem Kleinen stattdessen besser kleinere, überschaubare Bereiche an, in denen er spielen, schlafen, fressen und sich aufhalten kann. Dieser Bereich sollte vorzugsweise in dem Raum sein, in dem sich auch der größte Teil des Familienlebens abspielt. Hunde sind Rudeltiere, die von Anfang

Die Erfolgsmethode

Erfolg, der sich durch Zufall einstellt, ist meist nur von kurzer Dauer. Erfolg durch bewährte Methoden ist zwar etwas mühsamer zu erreichen, ist aber von Dauer. Welche Erziehungsmethode am einfachsten zum Erfolg führt und somit Ihre ganz persönliche Erfolgsmethode darstellt, ist sehr unterschiedlich. Der gemeinsame Nenner ist hier sicher eine Erziehung, die auf positiver Verstärkung aufbaut.

Erfolgreich an die Box gewöhnen

1. Sagen Sie „Geh in die Box" oder etwas Ähnliches zu Ihrem Welpen und setzen Sie ihn mit einem kleinen Häppchen in seine Box. Lassen Sie ihn dort für fünf Minuten, während Sie im selben Raum bleiben. Anschließend lassen Sie ihn heraus und loben ihn überschwänglich. Lassen Sie ihn jedoch nie heraus, während er winselt. Warten Sie in diesem Fall so lange, bis er ruhig ist und lassen ihn dann heraus.
2. Wiederholen Sie den ersten Schritt einige Male täglich.
3. Am nächsten Tag verfahren Sie genauso. Lassen Sie ihn jetzt aber zehn Minuten in der Box. Wiederholen Sie das einige Male.
4. Fahren Sie fort, die Zeit in Fünf-Minuten-Schritten so weit auszudehnen, bis der Welpe dreißig Minuten in seiner Box bleibt, während Sie im selben Zimmer sind. War er länger in der Box, sollten Sie ihn anschließend gleich nach draußen bringen, damit er sich lösen kann.
5. Gehen Sie zurück zu Schritt eins und lassen Sie den Hund fünf Minuten in der Box, während Sie das Zimmer verlassen.
6. Steigern Sie nun wieder wie oben beschrieben die Dauer in Fünf-Minuten-Schritten, während Sie nicht im Zimmer sind. Bleibt der Welpe problemlos dreißig Minuten in seiner Box, kann er, falls mal nötig, auch einige Zeit in seiner Box verbringen. Selbstverständlich nicht alleingelassen zu Hause, während Sie einkaufen gehen!

Wie oft „muss" Ihr Hund?

Alter	täglich
bis 14 Wochen	ca. 10 mal
14 bis 22 Wochen	ca. 8 mal
22 bis 32 Wochen	ca. 6 mal
ausgewachsen	ca. 3 mal

Dies sind natürlich nur Richtwerte, jedoch sollten sie Ihrem Hund mindestens so häufig wie angegeben die Möglichkeit geben, sich zu erleichtern, und diese Werte keinesfalls unterschreiten.

an das Gefühl brauchen, zu einem Familienverband zu gehören. Ihre Stimme zu hören, Sie bei Ihrer Arbeit zu beobachten und Ihren Geruch in der Nase zu haben, während Sie in seiner Nähe sind, gibt ihm die permanente Bestätigung, dass er wirklich dazugehört.

Besonders geeignet ist hier erfahrungsgemäß die Küche, vor allem, wenn eine Essecke angeschlossen ist. So ist er fast den ganzen Tag unter Aufsicht, zu seiner eigenen und auch zu Ihrer Sicherheit.

Innerhalb dieses Raums sollte ein kleinerer Bereich abgeteilt sein, der nur dem Welpen gehört. Ein Welpenkorb, eine Draht- oder Kunststoffbox oder eine durch ein Gitter abgetrennte Ecke, von der aus er die Aktivitäten der zu seinem neuen Rudel gehörenden Menschen beobachten kann, sind genau das Richtige. Ein ganz wichtiger Punkt ist die Größe dieses Welpenbereichs. Der Welpe muss sich bequem hinlegen und ausstrecken können, er muss aber auch stehen können, ohne sich oben den Kopf zu stoßen. Auf der anderen Seite muss sein Platz, so lange er sich nicht zuverlässig draußen löst, gerade so klein sein, dass er nicht die Möglichkeit hat,

Beseitigen Sie die Hinterlassenschaften Ihres Hundes sowohl in der Öffentlichkeit wie auch im eigenen Garten.

sich in einer Ecke zu lösen und in der anderen zu schlafen, ohne durch seine Ausscheidungen gestört zu werden. Hunde sind von Natur aus reinliche Tiere. Sie würden sich nie freiwillig in der Nähe ihres eigenen

Wussten Sie schon?

Wenn man für den Hund einen geeigneten Schlaf- und Ruhebereich schafft und ihm genügend Gelegenheiten verschafft, sich außerhalb dieses Bereichs zu lösen, lernt der Welpe rasch, dass draußen (oder bei Bedarf das Zeitungspapier) der Ort ist, wohin er gehen muss, wenn er ein „kleines" oder „großes" Geschäft machen muss. Das fördert gleichzeitig seinen natürlichen Instinkt, sein Lager sauber zu halten. Das wiederum trainiert die Funktion der Schließmuskel und führt letztlich zu einem stubenreinen Hund.

Schlafplatzes lösen, es sei denn, sie werden dazu gezwungen, weil sie keine andere Möglichkeit haben. Dann sind sie allerdings meist für ihr ganzes Leben verdorben.
Schon der Züchter kann durch ein angemessenes Platzangebot die Stubenreinheit der Welpen fördern. Achten Sie bei der Züchterauswahl darauf! Box oder Körbchen sollten mit sauberen Tüchern und einem Spielzeug ausgestattet sein. Wasser muss dem Welpen ständig zur Verfügung stehen. Solange Ihr Welpe nicht stubenrein ist, sollten Sie immer ein Auge darauf haben, wieviel und wann Ihr Welpe etwas trinkt, um dann rechtzeitig mit ihm hinausgehen zu können. Sehr negativ ist es, wenn der Welpe im entscheidenden Moment in seiner Box gefangen ist.

Tragen Sie Ihren Welpen nur dann zum Löseplatz, wenn es sehr eilt. Führen Sie ihn ansonsten dorthin.

Der richtige Tonfall

Hunde verstehen unsere Sprache nicht. Sie werden darauf trainiert, auf einen bestimmten Klang und Tonfall zu hören. Wenn Sie „Nein“ in einem netten, freundlichen Ton sagen, hat das nicht die gleiche Bedeutung, als wenn Sie das ernst und in strengem Ton sagen. Müssen Sie den Hund tadeln, sagen Sie „Nein“; halten Sie mehrere Hunde, müssen Sie zuerst den Namen nennen. Da Hunde den Sinn von Worten nicht verstehen, trainieren Komiker Hunde oft so, dass sie das Gegenteil von dem tun, was man eigentlich erwartet. Der Komiker sagt beispielsweise „Sitz“, und der Hund steht auf, und umgekehrt.

Regeln für das Training

Wenn Sie bei der Erziehung Ihres Hundes Erfolg haben wollen, sollten Sie vier Regeln beachten:

1. Lernen Sie zu verstehen, wie ein Hund denkt.
2. Tadeln Sie den Hund nicht, wenn er etwas nicht verstanden hat.
3. Stellen Sie fest, welche Persönlichkeit ihr Hund ist, und handeln Sie danach.
4. Haben Sie Geduld und seien Sie konsequent.

Kontrolle

Damit ist gemeint, dem Welpen zu helfen, seine Lebensweise voll der seines menschlichen Rudels anzupassen. Genau wie man ein Kind dazu anleitet, unserer Lebensweise zu folgen, müssen wir auch dem Welpen zeigen, wann es Zeit ist zu spielen, zu fressen, zu schlafen oder sich zu bewe-

gen, aber auch wann er sich einmal alleine beschäftigen muss.
Ihr Welpe sollte von Anfang an lernen, an seinem Platz zu schlafen und möglichst nur dort. Er soll außerdem begreifen, dass er zu seiner eigenen Sicherheit und Bequemlichkeit tagsüber zeitweise an seinem Platz bleiben muss, wenn zum Beispiel im Haushalt ein Durcheinander herscht oder die Familie frühmorgens beim Frühstück mehr oder weniger hektisch das Haus verlässt.
Grundsätzlich sollten Sie einen Welpe nie allein zu Hause lassen. Auch erwachsene Hunde sollten höchstens vier Stunden am Tag alleine sein. Da Welpen gerne kauen und keinen Unterschied zwischen Lampen- und Fernsehkabeln, Schuhen, Tischbeinen und einem Kauknochen kennen, kann es zu fatalen Unfällen für den Welpen kommen. Besonders Unfälle mit Strom können zu Bränden führen. Falls Ihr Welpe in Ihrer Abwesenheit die Armlehne eines Sessels annagt, werden Sie ihn bei Ihrer Rückkehr wahrscheinlich verärgert zurechtweisen. Da er sich aber nicht mehr erinnert, an der Armlehne gekaut zu haben, ist es für ihn unmöglich, eine Verbindung zwischen der Bestrafung und seiner Missetat herzustellen. Er wird die Bestrafung mit Ihrer Rückkehr verbinden.
Außergewöhnliche Begebenheiten in Ihrem Haus wie Parties oder Familienfeste mit vielen Besuchern findet auch Ihr Welpe aufregend, solange er sie aus der Geborgenheit seines Platzes heraus beobachten kann. Trotzdem fühlt er sich nicht ausgeschlossen. An seinem Platz kann er nicht getreten oder mit „Leckerbissen“ gefüttert werden, von denen ihm später schlecht wird.

Die meisten Hunde schnüffeln erst, bevor sie sich lösen. Da die Hundenase eine Million mal empfindsamer ist als die menschliche Nase, werden Hundehalter die Bedeutung dieses Rituals nie nachempfinden können.

Der Tagesablauf

Sie sollten Ihrem Welpen anfangs sehr oft die Möglichkeit geben sich zu lösen, nach dem Fressen, nach dem Spielen, wenn er aufwacht –

Wussten Sie schon?

Schon der Welpe sollte seine regelmäßigen Spiel- und Spaziergangszeiten mit Ihnen oder anderen Familienmitgliedern bekommen. Für einen recht jungen Welpen reicht ein kurzer Spaziergang ums Haus. Als Spiel eignet sich beispielsweise ein Bringspiel mit einem großen Ball oder einem speziellen geknoteten Tau. (Alle Welpen brauchen im Zahnwechsel etwas Weiches zum Kauen). Denken Sie daran, Spiele im Haus auf den Bereich des Welpen zu begrenzen, so lange er noch nicht zuverlässig stubenrein ist.

was mit acht Wochen auch schon um fünf Uhr früh sein kann. Dass er „muss", zeigt der Welpe meist durch unruhiges Drehen und Schnüffeln an - beachten Sie diese Anzeichen. Ein Welpe, der jünger als zehn Wochen alt ist, sollte grundsätzlich stündlich hinaus gebracht werden. Wenn er älter wird, hält er es nach und nach länger aus.

Gehen Sie mit ihm nur kurz zu seinem Löseplatz. Nach fünf bis sechs Minuten kehren Sie ins Haus zurück. Hat er sein „Geschäft" in dieser Zeit erledigt, loben Sie ihn ausgiebig und bringen ihn sofort wieder hinein. Hat er es nicht gemacht und passiert das „Malheur" im Haus, bringen Sie ihn mit einem scharfen „Pfui" sofort wieder hinaus zu seinem Löseplatz. Warten Sie einige Minuten und gehen Sie dann wieder zurück ins Haus. Schlagen Sie den Welpen niemals und stecken Sie ihn nie mit seiner Nase in seine Ausscheidungen, wenn ihm ein „Malheur" passiert ist!

Trainingstipp

Trainieren Sie Ihren Hund niemals, wenn Sie in einer schlechten Stimmung sind. Hunde spüren diese Stimmungen sehr leicht und werden durch sie beeinflusst, besonders durch Ihren Ärger. Wenn Ihr Hund merkt, dass Sie ärgerlich sind, wird er dies mit dem Training in Verbindung bringen. Er wird sich vor den Übungsstunden aufgrund Ihrer schlechten Laune fürchten.

Wenn Sie dann endgültig wieder im Haus sind, setzen Sie den Welpen so lange in seine Box, bis Sie das Häufchen beseitigt haben. Wenn Sie ihn dann wieder heraus lassen, sollten Sie ihn intensiver beobachten als vorher, damit Sie rechtzeitig erkennen, wann er sich lösen muss. Es kann möglich sein, dass das „Malheur" deshalb passiert ist, weil Sie sein Signal übersehen haben oder mit dem Hinausbringen zu lange gewartet haben. Seien Sie dem Welpen aber nie böse, wenn ihm doch wieder ein Unglück passiert, er macht es bestimmt nicht mit Absicht.

Mit der Zeit wird Ihr Welpe begreifen, dass diese kurzen Ausflüge ausschließlich dazu dienen, sich zu lösen und nicht zum Spielen. Ist Ihr Welpe einmal stubenrein, wird er drinnen und draußen spielen und trotzdem genau wissen, wann er sich zu lösen hat.

Gewöhnen Sie ihn an feste Zeiten, in denen er ein Nickerchen machen, allein sein, allein spielen oder auch nur ausruhen soll. Zeigen Sie ihm, wie er sich allein beschäftigen kann, wenn Sie gerade keine Zeit für ihn haben. Er muss lernen, dass es zwar angenehm ist, wenn Sie in der Nähe sind, dass es aber nicht Ihr Lebenszweck ist, nur für ihn da zu sein. Benutzen Sie jedes Mal, wenn Sie den Welpen in seinen Bereich oder seine Box bringen, ein bestimmtes Hörzeichen. So wird er bald von allein dort hin gehen, wenn Sie dieses Wort sagen.

Die Gewöhnung an eine Box bedeutet Sicherheit für Sie, den Hund und das Haus. Dieses Gefühl der Sicher-

heit wird das Selbstvertrauen Ihres Welpen fördern und ist außerdem ein wertvolles Hilfsmittel bei der Erziehung zur Stubenreinheit.
Denken Sie daran, dass eines der wichtigsten Dinge bei der Stubenreinheit das ständige Beobachten des Hundes ist.
In Ihrem täglichen Leben wird es immer wieder Situationen geben, in denen diese Kontrolle nicht möglich ist und der Welpe einen Platz braucht, an dem er sicher untergebracht ist und sich wohlfühlt. Sowohl im Welpenalter, als auch später ist die Gewöhnung an die Box sehr hilfreich.
Zusammenfassend lässt sich sagen, dass für die Sauberkeitserziehung nur einige wesentliche Elemente notwendig sind, wie Aufmerksamkeit, Regelmäßigkeit, Konsequenz und Lob. Wenn man mit einem gesunden Welpen nach diesen Grundsätzen vorgeht, hat man die Zeit der „Missgeschicke" bald hinter sich gelassen.

Disziplin, Belohnung und Strafe

Disziplin, also lernen, sich an bestimmte Regeln zu halten, bringt Ordnung in das Leben. So einfach ist das. Ohne Disziplin, besonders in einer sozialen Gemeinschaft, regiert das Chaos, und eine Gruppe wird vermutlich auseinanderbrechen. Sowohl Menschen als auch Hunde sind soziale Lebewesen, die gewisse Formen von Disziplin brauchen, damit alles funktioniert. In der Gemeinschaft muss für Nahrung sowie für den Schutz von Heim und Nachwuchs gesorgt werden. Nicht zuletzt muss durch die regelmäßige Fortpflanzung die Arterhaltung gesichert werden. Ohne Disziplin würden soziale Lebewesen verhungern, von Feinden gefressen werden und letztlich untergehen.
Für domestizierte Caniden wie unsere Haushunde bedeutet Disziplin zu verstehen, wie ihre Familie funktioniert und wie sie sich verhalten müssen, um in diesem Rudel zu überleben.
In einem dicht besiedelten Gebiet wurden kürzlich in einer Umfrage Hundebesitzer zum Zusammenleben mit ihren Hunden befragt. Dabei stellte sich heraus, dass Hundebesitzer, deren Tiere gründlich erzogen waren, zu 75 Prozent zufriedener waren als die Besitzer unerzogener Hunde.

Wussten Sie schon?

Genau wie Menschen sind auch Hunde verschieden. Was bei einem Hund funktioniert, muss deshalb nicht für alle richtig sein. Seien Sie flexibel. Falls eine Trainingsmethode nicht funktioniert, probieren Sie etwas anderes aus.

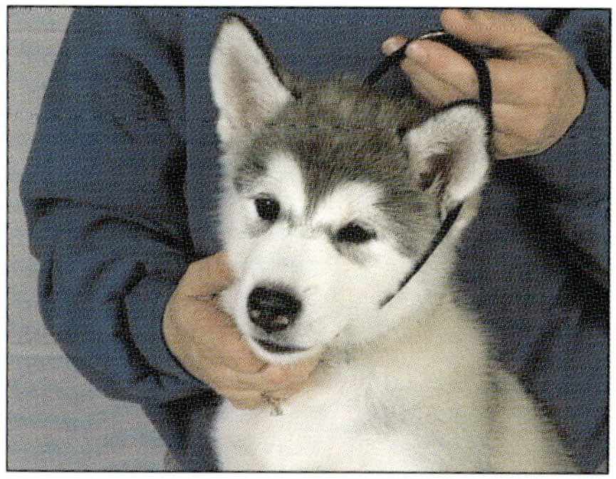

Ein dünnes Nylon- oder Baumwollhalsband wird für Ausstellungswelpen verwendet, um ihnen das Laufen an der Leine beizubringen. Für die täglichen Spaziergänge ist es nicht geeignet, besonders nicht für den heranwachsenden Malamute.

Welpen können sehr leicht mit Futterhäppchen trainiert werden. Die meisten Hunde fressen gern, deshalb ist die Belohnung mit Futter, wenn sie nicht übertrieben wird, meist sehr effektiv.

Der amerikanische Psychologe Dr. Edward Thorndike hat eine Theorie aufgestellt, die unter der Bezeichnung „Thorndikes Lerntheorie" bekannt geworden ist. Sie besagt, dass ein Verhalten, das mit etwas Angenehmem verbunden wird, gern wiederholt wird. Wird ein Verhalten hingegen mit etwas Unangenehmem verbunden, wird es nicht wiederholt. Auf dieser Theorie basiert das Training. Wenn Sie Ihrem Hund ein bestimmtes Verhalten beibringen möchten und Sie ihn dafür belohnen, wird er es gerne wiederholen, um wieder eine Belohnung zu bekommen.

Gelegentlich ist auch eine Ermahnung für ein Fehlverhalten nötig. Am effektivsten sind dabei Strafen, die direkt folgen und möglichst unabhängig von Ihrer Person erfolgen. Wird einem Kind beispielsweise verboten den Herd zu berühren, weil es sich sonst verbrennt, tut es sich sofort weh, wenn es ihn doch berührt. Von nun an wird es den Herd meiden. Ein Verhalten, das unangenehme Folgen hat, wird unterlassen.

Das Beispiel lässt sich auch auf den Hund übertragen. Jagt ein Hund die Katze seiner Familie, obwohl ihm dies schon etliche Male verboten wurde, wird sich die Katze eines Tages umdrehen, ihm mit den Krallen übers Gesicht fahren und ihn mit einer schmerzenden Schramme auf der Nase stehen lassen. Ihr Hund wird die Katze künftig in Ruhe lassen.

Die Ausstattung

Leine und Halsband

Die Leine und das Halsband für die Ausbildung des Alaskan Malamute sollten leicht zu handhaben, nicht zu schwer und reiß- und bissfest sein.

Belohnungshappen

Nehmen Sie immer eine Tüte mit Belohnungshappen mit. Sie sollten schmackhaft und leicht zu schlucken sein. Etwas Weiches wie etwa ein Stück Käse oder gekochtes Huhn ist besser als ein harter Hundekuchen. Muss der Hund zu lange kauen, vergisst er, wofür er eigentlich belohnt wurde. Die Verwendung von Belohnungshappen fördert nicht das Betteln bei Tisch. Das lernt der Hund ausschließlich durch die Fütterung vom Tisch. Beim Training hilft die Belohnung mit Futter dem Hund, Lob und Futter – also Wohlbefinden

– mit neuen Verhaltensweisen zu verknüpfen, die seinem Besitzer offensichtlich gefallen.

Das Training beginnt

Ganz gleich, was Sie Ihrem Hund beibringen möchten, zuerst brauchen Sie seine Aufmerksamkeit. Er kann nichts lernen, wenn er in eine andere Richtung blickt und mit seinen Gedanken ganz woanders ist.

Um seine Aufmerksamkeit zu bekommen, sagen Sie begeisternd „Schau", gehen sofort zu ihm, geben ihm eine Belohnung und loben ihn mit „Guter Hund". Nach ein oder zwei Minuten wiederholen Sie diese Übung, gehen aber diesmal erst mit der Belohnung in der Hand auf ihn zu. Kurz bevor Sie ihn erreichen, bleiben Sie stehen, zeigen ihm die Belohnung und sagen „Schau". Sobald er die Belohnung in Ihrer Hand entdeckt hat, wird er Ihnen vermutlich das letzte Stück entgegenkommen, und Sie geben ihm seine Belohnung mit einem dicken Lob. Beim dritten Mal sagen Sie mit der Belohnung in Ihrer Hand „Schau" und gehen nur ein, zwei Schritte auf ihn zu. So muss er den größten Teil des Wegs allein zurücklegen. Ist er bei Ihnen angekommen, bekommt er seine Belohnung und wird wieder gelobt.

Spätestens jetzt wird ihm aufgehen, dass es sich für ihn lohnt, auf Sie zu hören, besonders wenn besagtes Hörzeichen ertönt. Er hat gelernt, dass es Spaß und Leckerbissen bedeutet.

Manche Trainer nutzen einen bereits gut ausgebildeten Hund als Vorbild für einen etwas dickköpfigen Vierbeiner.

Verwenden Sie beim Training kleine Häppchen zur Belohnung für die richtige Ausführung eines Kommandos und wiederholen Sie den Befehl.

Sie können sowohl verbale Kommandos wie auch Sichtzeichen verwenden. Gut ist es auch, beides zu kombinieren.

Der Hund versteht dabei nicht den Sinn des Wortes, sondern er registriert den Klang und den Tonfall der Stimme. Ihre Worte verwandeln sich in seinen Ohren zu einer Abfolge von Tönen, die ihm das Signal geben, zu Ihnen zu laufen und aufzupassen.

Die Grundkommandos

„Sitz"

Wecken Sie die Aufmerksamkeit des Hundes, indem Sie ihn rufen oder ihn mit einem kleinen Leckerli locken. Den Futterhappen halten Sie in der rechten Hand. Halten Sie Ihrem Malamute das Futter direkt vor die Nase, so dass er daran lecken, es Ihnen aber nicht aus der Hand nehmen kann. Sagen Sie „Sitz" und führen Sie die rechte Hand langsam nach oben über seinen Kopf, so dass er hoch schauen muss, wenn er der Hand mit den Augen folgen will. Wenn er seinen Kopf hebt, wird er die Knie beugen müssen, um leichter das Gleichgewicht halten zu können. Wenn er dann sitzt, geben Sie ihm das Futter und loben Sie ihn ausgiebig. Achten Sie darauf, ihn richtig begeistert zu loben, das genießt er, und es macht ihn stolz, weil er etwas Tolles geleistet hat. Dieses ist nicht notwendig, den Hund sein Leben lang mit Futter zu belohnen. Es wird nur dazu verwendet, ihm neue Kommandos beizubringen. Wenn der Hund ein Kommando zuverlässig befolgt, reduziert man die Futterhäppchen nach und nach. Aber er wird weiterhin mit Worten gelobt. Der Vorteil der Stimme ist, dass Sie sie überall dabei haben. Es wird oft der Fall sein, dass Ihr Hund gehorchen

muss und Sie keine Belohnungshäppchen dabei haben.

„Platz“

Dem Hund „Platz“ beizubringen ist einfach, wenn Sie sich die Empfindung des Hundes in dieser Position klarmachen. Wissen Sie das nicht, wird es schwierig. Mit dem „Platz“ nimmt der Hund eine unterwürfige Position ein. Bringt man ihm dieses Kommando unter starkem Zwang bei, kann er eine solche Angst bekommen, dass er Reißaus nimmt, oder versucht, denjenigen zu beißen, der ihn mit Gewalt auf den Boden drückt. Lassen Sie den Hund dicht an Ihrer linken Seite sitzen, wobei er in die selbe Richtung schaut wie

Wussten Sie schon?

Ein Hund wird sich nie ins „Platz“ legen, wenn er Gefahr wittert. Er bleibt bei Alarmbereitschaft auf den Beinen, damit er im Ernstfall fliehen oder um sein Überleben kämpfen kann. Es ist wichtig, beim Üben dieses Kommandos darauf zu achten, dass der Hund ruhig und entspannt an dem Training teilnehmen kann.

Sie. Halten Sie die Leine in der rechten Hand, die Belohnung in der linken. Nun legen Sie Ihre linke Hand leicht auf den Widerrist des Hundes, dort wo die Spitzen der Schulterblätter mit der Wirbelsäule zusammentreffen. Üben Sie keinen Druck aus, sondern lassen Sie Ihre Hand einfach liegen. So können Sie den Hund dicht neben sich halten, wenn er sich hinlegt. Halten Sie wieder das Futter dicht vor seine Nase. Sagen Sie leise „Platz“ und führen Sie das Futter nach unten zu den Vorderpfoten des Hundes. Ist Ihre Hand auf dem Boden angekommen, führen Sie sie langsam nach vorne vom Hund weg. Sprechen Sie während der Übung leise und sanft mit ihm, damit er ruhig bleibt, während er Ihrer Hand mit der Nase langsam auf den Boden folgt, um an die Belohnung zu kommen. Sobald er mit den Ellenbogen und der Hinterhand am Boden ist, bekommt er sein Futter und wird sanft gelobt. Versuchen Sie, den Hund einige Sekunden in dieser Position zu halten, bevor Sie ihn wieder

Wenn man mit der Ausbildung schon beim Welpen beginnt, kann man sich solche Momente wie auf der Abbildung links beim erwachsenen Hund ersparen. Den Malamute auf diese Art ins „Platz“ niederzuringen, ist nicht der richtige Weg! Erziehen Sie daher Ihren Welpen rechtzeitig.

Bringen Sie Ihrem Hund das „Bleib" bei - dies ist ein wichtiges Kommando für den gut erzogenen Hund und in manchen Situationen kann es lebenswichtig sein.

sitzen lassen. Das Ziel dieser Übung ist es, dass der Hund sich entspannt ins „Platz" legt und sich keinesfalls bedroht fühlt.

„Bleib!"

Es ist recht leicht, dem Hund beizubringen, in der Sitz- oder Platzposition zu verharren. Natürlich benutzen wir auch hier während des Lernprozesses Futter und Lob, um ihm klar zu machen, was genau wir von ihm erwarten.

Um ihm „Sitz und bleib" beizubringen, lassen Sie ihn zunächst an Ihrer linken Seite sitzen, die Leine befindet sich wieder in Ihrer rechten, die Belohnung in der linken Hand. Die linke Hand hält dem Hund das Futter direkt vor die Nase. Befehlen Sie ihm „Bleib" und machen Sie lediglich einen Schritt direkt vor ihn - Sie stehen jetzt Pfote an Fuss mit ihm - während er an seinem Leckerchen knabbert oder leckt. Achten Sie darauf, dieses so hoch zu halten, dass er seine aufrechte Sitzhaltung beibehält. Zählen Sie bis fünf und bewegen Sie sich wieder in die Ausgangsstellung zurück. Sobald dies geschehen ist, geben Sie Ihrem nun wieder links sitzenden Hund seine Belohnung und loben ihn in den höchsten Tönen.

„Platz und bleib" lernt er in ähnlicher Weise. Sobald der Hund im „Platz" liegt, sagen Sie „Bleib" und treten einen Schritt vor den Hund, wie beim „Sitz und bleib". Zählen Sie bis fünf und kehren Sie nun in die Ausgangsstellung zurück, so dass der Hund an Ihrer linken Seite liegt. Geben Sie ihm die Belohnung und loben Sie ihn wieder ausgiebig. Innerhalb von einer Woche bis zehn Tagen vergrößern Sie die Entfernung zu Ihrem Hund. Zeigen Sie Ihm ihre erhobene flache linke Hand als Handzeichen für das „Bleib". Das Futter halten Sie weiterhin in der rechten Hand, ohne dass es die Nase des Hundes berührt. Er wird das Futter im Auge behalten und schnell lernen, dass er es bekommt, sobald Sie wieder zu ihm zurückkehren.

Trainingstipp

Rufen Sie Ihren Hund nie, um ihn zurechtzuweisen und tadeln Sie ihn nie, wenn er zu Ihnen kommt. Das ist die beste Methode, um aus dem „Komm" ein „Lauf schnell weg!" zu machen. Hunde leben in der Gegenwart, und Ihr Hund verbindet den Tadel mit dem Kommen und nicht mit einem Fehlverhalten, das schon länger zurückliegt.

Wenn Sie dreißig Sekunden in einer Entfernung von etwa einem Meter vom Hund stehen bleiben können, ohne dass Ihr Hund Ihnen folgt, beginnen Sie damit , sowohl im „Sitz“, wie auch im „Platz“ die Zeit und die Entfernung nach und nach auszudehnen. Letztendlich muss es möglich sein, dass der Hund längere Phasen so lange in der „Bleib“-Position verharrt, bis Sie zu ihm zurückkehren oder ihn rufen. Vergessen Sie nicht, ihn jedes Mal ausgiebig zu loben.

„Hier“

Wenn Sie es schaffen, dass Ihr Hund diese Übung als großen Spaß erfährt, dann werden Sie nie wieder das Problem haben, dass er auf Zuruf nicht kommt. Das Training muss wie ein neues Spiel und nicht wie das Erlernen eines neuen Kommandos aussehen.
Meist soll Ihr Hund dann zu Ihnen kommen, wenn irgendetwas passiert ist oder zu passieren droht. Sie sind dann wahrscheinlich aufgeregt oder verärgert. Ihre Gefühle übertragen sich auch auf Ihre Stimme, wenn Sie Ihren Hund rufen. Der Hund hört diesen Ausdruck in Ihrer Stimme und bekommt Angst vor dem, was ihn erwarten könnte. Als Folge gehorcht er nicht oder rennt in die entgegengesetzte Richtung. Das Geheimnis liegt darin, aus dem „Hier“ ein Spiel zu machen und das jedes Mal zu spielen, wenn Sie möchten, dass Ihr Hund kommt. So kann eigentlich nichts schiefgehen.
Eine gute Art, das Kommando zu üben ist folgende. Jedes Familienmitglied

Trainingstipp

Wenn Sie Ihren Hund rufen, sagen Sie nicht nur „Hier“ oder „Komm“. Machen Sie Ihre Stimme möglichst interessant, zum Beispiel mit „Schau, was ich habe“. Gehen Sie dabei auch noch ein Stück weg oder in die Hocke, wird Ihr Hund gleich zu Ihnen kommen. Jetzt bekommt er seine Belohnung von Ihnen und wird wieder ausgiebig gelobt.

Apportierspiele

Ermuntern Sie Ihren Welpen in einem eingezäunten Bereich zu Apportierspielen, bei denen er seine Spielsachen zu Ihnen zurückbringen kann. Benutzen Sie dafür Spielzeuge oder Apportel. Verwenden Sie nie einen Schuh, Strümpfe oder anderes, das er später mit Dingen aus Ihrer Garderobe durcheinanderbringen könnte.

Ihr Malamute sollte nur dann eine Belohnung bekommen, wenn er ein Kommando korrekt ausgeführt hat. Ungünstig ist es, ihm eine Belohnung zu geben, damit er nicht mehr hochspringt oder bellt. So lernt er erst recht, hochzuspringen und zu bellen, um etwas zu bekommen.

Egal wie weit Ihr Welpe von Ihnen entfernt ist, Sie sollten in der Lage sein, ihn jederzeit mit einer interessanten Stimme und z.B. durch in die Hände klatschen so zu motivieren, dass er kommt.

geht mit ein paar Futterbrocken in ein anderes Zimmer innerhalb des Hauses. Einer nach dem anderen ruft nun den Hund, und wenn er den Rufenden gefunden hat, bekommt er die Belohnung und jede Menge Lob. Ihr Hund lernt dabei, dass er Sie finden muss und dafür reichlich belohnt wird. Nach wenigen Übungen wird er dieses Spiel herrlich finden. Der simple Ruf „Hier!" oder was immer Sie sich dafür überlegen, wird ihn schließlich dazu bringen, von überall her voller Begeisterung angerannt zu kommen.

Das Kommando „Hier" ist eines der wichtigsten, die ein Hund beherrschen muss. Es gibt Trainer, die mit Tausenden von Hunden arbeiten, ohne das Kommando „Hier" zu lehren. Trotzdem werden auch diese Hunde reagieren, wenn sie, wie oben beschrieben, gerufen werden.

Kinder haben einen besonderen Spaß an diesem Spiel. Sie können sich leicht in kleineren Verstecken verbergen und der Hund muss sich etwas mehr anstrengen, um sie in ihren Verstecken zu finden. Ist ihm das gelungen, wird er seine Belohnung entsprechend genießen und sich über ein kleines Spiel mit seinem jungen Freund freuen.

„Bei Fuß!"

„Bei Fuß" geht ein Hund, wenn er, ohne an der Leine zu ziehen, dicht neben seinem Besitzer herläuft. Es erfordert Zeit und Geduld, um dem Hund klar zu machen, dass Sie keinen Schritt vorwärts machen werden, solange Ihr Hund nicht ruhig neben Ihnen herläuft. Zieht Ihr Hund ständig an der Leine, ist dies ein inakzeptabeles Verhalten.

Zum Üben nehmen Sie die Leine in die linke Hand, während Ihr Hund an Ihrer linken Seite sitzt. Halten Sie die Schlaufe der Leine mit der rechten Hand fest, damit Sie den Hund links so kurz halten können, dass er dicht neben Ihnen bleibt. Befehlen Sie „Bei Fuß" und gehen Sie mit dem linken Fuß los. Nach drei Schritten halten Sie an und lassen den Hund neben sich sitzen. Diese Position nennt man „Grundstellung". Loben Sie den Hund, aber berühren Sie ihn nicht. Warten Sie einen Moment und gehen Sie dann mit dem Kommando „Bei

Trainingstipp

Üben Sie neue Kommandos anfangs immer ohne Ablenkung. Je besser Ihr Hund die Übungen kann, um so mehr Ablenkungen bauen Sie nach und nach ein. So können Sie sich sicher sein, dass das Erlernte auch im Alltag funktionieren wird.

Die Leinenführigkeit

Wenn Sie „Bei Fuß“ auf längeren Spaziergängen üben und den Hund an der Leine ziehen lassen, wird er denken, dass das normal ist. Wenn Sie ihn mit einem Ruck korrigieren, um ihm das Zerren abzugewöhnen, wird er dies eher als Signal zu verstärktem Zerren deuten und sich herausgefordert fühlen!

Fuß“ weitere drei Schritte. Anschliessend nehmen Sie wieder die Grundstellung ein.

Das Ziel dieser Übung ist es, zu erreichen, dass der Hund diese drei Schritte geht, ohne an der Leine zu ziehen. Klappt das, versuchen Sie es mit fünf Schritten. Wenn er auch fünf Schritte ruhig neben Ihnen herläuft, erhöhen Sie die Zahl der Schritte auf zehn und so weiter. Schließlich werden Sie mit viel Geduld erreicht haben, dass der Hund „Bei Fuß“ geht, wann und wie lange Sie wollen. Wie bei allen Kommandos ist es auch hier wichtig, dem Hund zu zeigen, wann die Übung beendet ist. Lassen Sie ihn dazu sitzen und sagen Sie ihm dann mit immer dem selben Hörzeichen, dass er jetzt laufen darf.

Wenn Sie einen Hund haben, der nicht aufhört, an der Leine zu zerren, steigen Sie „auf die Bremse“ und bleiben Sie stehen, bis der Hund erkennt, dass sie beide nirgends hingehen werden, bevor er nicht an Ihrer Seite ist und sich Ihrem Tempo anpasst. Es kann eine Zeit lang dauern, bis Sie ihn durch Ihr Stehenbleiben davon überzeugt haben, dass Sie der „Chef“ sind und die Richtung und das Tempo des Spaziergangs bestimmen. Jedes Mal, wenn der Hund zu Ihnen hinauf schaut oder so läuft, dass die Leine

Ihr Hund muss lernen, ohne zu ziehen und ohne zurückzubleiben an Ihrer Seite zu laufen. Das ist besonders wichtig, wenn Sie mit Ihrem Hund etwas unternehmen möchten und er dabei vielleicht nicht immer frei laufen kann, wie z.B. auf Bergtouren oder beim Joggen.

locker durchhängt, loben Sie ihn in ruhigem Ton. Schließlich wird sich der Hund darauf einstellen und nach einigen Tagen sollte er gesittet neben Ihnen hergehen, ohne an der Leine zu zerren. Gestalten Sie die Trainingseinheiten anfangs kurz und positiv; schon bald wird der Hund dann längere Strecken neben Ihnen herlaufen. Vergessen Sie nicht, dem Hund auch Spielpausen und genügend Zeit zum Rennen zu verschaffen.

Trainingstipp

Falls Ihr Hund beim Spazieren an der Leine plötzlich stehen bleibt und Ihnen in die Augen schaut, ignorieren Sie das und motivieren ihn, in die Richtung weiter zu gehen, in die Sie wollen.

Futterbelohnungen reduzieren

Futter als Belohnung wird dann verwendet, wenn der Hund etwas Neues lernen soll. Sobald der Hund versteht, was Sie bei einem bestimmten Kommando von ihm erwarten, ist es Zeit, die Futterbelohnungen abzubauen. Zuerst bekommt er nach jeder Übung etwas, dann jedes zweite Mal. Variieren Sie die Belohnung, so dass der Hund manchmal nur ausgiebig gelobt wird und manchmal zusätzlich auch noch einen Happen bekommt. Weil er nicht genau weiß, wann er nun einen Futterhappen bekommt und wann nicht, ist er immer gespannt darauf und wird deshalb bemüht sein, die Übungen richtig zu machen. Dies nennt man das System der variablen Bestärkung. Mit Worten wird der Hund jedoch immer gelobt.

Erziehungskurse

Es ist eine gute Idee, sich mit seinem Hund zu einem Erziehungskurs in der Nähe anzumelden. Besuchen Sie mit Ihrem Hund Zuchtschauen, braucht er zusätzlich noch ein spezielles „Ringtraining". Viele Hundevereine und örtliche Hundeschulen bieten Grunderziehungskurse und auch Vorbereitungskurse für weitere Ausbildungen an.

Bei speziellen Wettkämpfen gibt es diverse Titel in verschiedenen Leistungsklassen zu gewinnen. Die unteren Stufen beinhalten die Grundlagen wie Sitz, Platz, bei Fuß und andere Grundbefehle. In den höheren Klassen kommen Übungen wie Springen, Apportieren, das Unterscheiden von Gerüchen und die Arbeit mit Handzeichen dazu. Diese Leistungsklassen erfordern von Hund und Mensch viel Zeit und Einsatz im Training, und die Titel, die es zu gewinnen gibt, sind sehr begehrt.

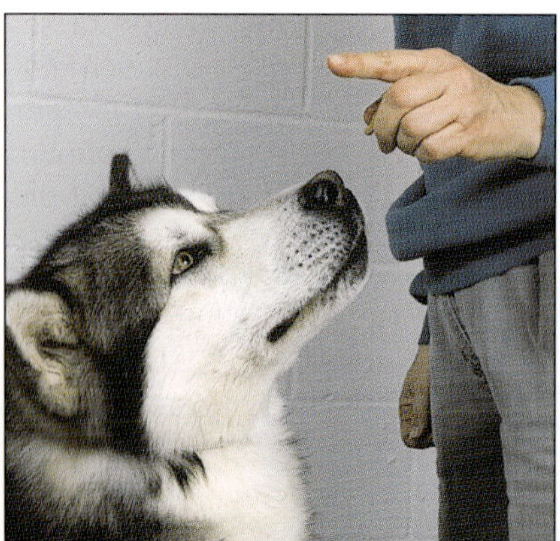

Geben Sie Ihrem Malamute nicht jedes Mal, wenn er etwas richtig gemacht hat, einen Leckerbissen. Erwachsene Malamutes sollten gehorchen, um ihrem Besitzer zu gefallen (nicht ihren Geschmacksnerven).

Erziehungskurse

Es ist eine sehr lohnende Investition, sich mit dem Hund zu einem Erziehungskurs anzumelden. Den positiven Effekt eines solchen Kurses werden Sie das ganze Hundeleben lang spüren und Sie haben die Möglichkeit, dort gleichgesinnte Hundebesitzer kennen zu lernen.

Andere Aktivitäten

Ob nun ein Hund im Hundekurs ausgebildet wird oder Sie das allein zu Hause machen, sobald die Grunderziehung sitzt, gibt es viele Aktivitäten, die Mensch und Hund zusammen Spaß machen. Vielleicht lernt Ihr

Hund sogar, im Haus, im Garten oder auf dem Hof zu helfen. So wächst sein Selbstvertrauen als geschätztes Familienmitglied. Beschäftigung ist für jeden Hund wichtig, denn so kann er sein geistiges Potential ausschöpfen und seine Energien ausleben.
Eine gesunde Art der Beschäftigung ist die Gewöhnung an Packtaschen für gemeinsame Ausflüge. Das kann jeder Besitzer ohne Ausbilder seinem Hund selbst beibringen. Spaziergänge, Bergtouren und andere gemeinsame Unternehmungen sind gut für Mensch und Hund und stärken die Bindung zueinander.
Wer mit seinem Alaskan Malamute an organisiertem Hundesport interessiert ist, findet noch viele andere Möglichkeiten. Agility ist eine immer populärer werdende Hundesportart, die viel Spaß macht. Der Hund muss dabei einen Hindernisparcours bewältigen, der aus verschiedenen Sprüngen, Tunnels und anderen Stationen zusammengestellt ist. Dabei

Ihr Malamute eignet sich für verschiedene Aktivitäten. Besuchen Sie einmal ein Agilityturnier. Dort sehen Sie, wie Hunde verschiedene Hindernisse meistern.

kommt es sowohl auf die korrekte Ausführung wie auch auf die Schnelligkeit an. Der Besitzer läuft mit seinem Hund mit und leitet ihn mit Kommandos und Handzeichen über den Parcours. Obwohl diese Sportart auch wettkampfmäßig betrieben werden kann, liegt der Schwerpunkt auf dem Spaß. Es macht Spaß, mitzumachen, zuzuschauen, und es ist sehr bewegungsintensiv.
Als Besitzer eines Alaskan Malamute können Sie natürlich auch an rassespezifischen Aktivitäten wie Lastenziehen und Schlittenhunderennen teilnehmen. Dabei starten die Hunde in verschiedenen Klassen, je nach Art des Schlittens und zahlenmäßiger Stärke des Gespanns. Neben rassespezifischen Rennen gibt es auch Rennen, an denen alle geeigneten Schlittenhundrassen teilnehmen können. Informationen über das Training, die Wettkämpfe und die notwendige Ausrüstung bekommen Sie beim Deutschen Club für Nordische Hunde e. V. (DCNH), bei der AGSD (Arbeitsgemeinschaft Schlittenhunde Deutschland – F.C.I.) und dem DSSV (Deutscher Schlittenhunde Sportverband – für alle Rassen).

In der Hundeschule

Ein Grunderziehungskurs dauert etwa sechs bis acht Wochen. Hundeführer und Hund haben dabei einmal pro Woche etwa eine Stunde Unterricht und bekommen „Hausaufgaben“, die sie dann täglich ein paar Mal üben müssen. Das Resultat guter Kurse und fleißigen Übens zu Hause ist ein gut erzogener Hund, der es liebt, mit seinem Mensch etwas zu tun, und ein Hundebesitzer, der das problemlose Zusammenleben mit dem Vierbeiner genießt.

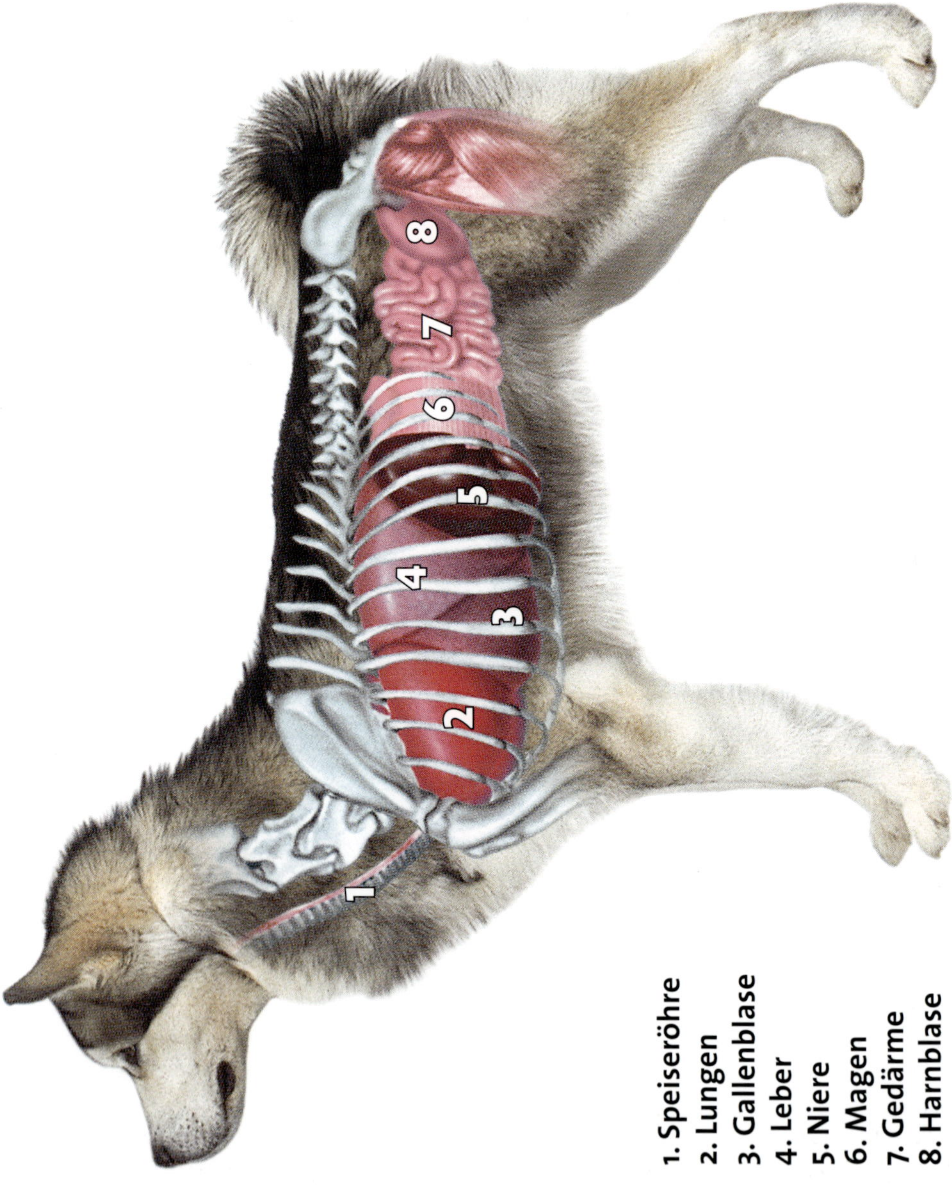

Die inneren Organe des Alaskan Malamute

Die Gesundheitsvorsorge beim Alaskan Malamute

Viele Krankheiten des Menschen können auch Hunde bekommen. Da die meisten von uns mehr über die Krankheiten des Menschen als über die der Hunde wissen, stammen einige der in dem folgenden Kapitel gebrauchte Bezeichnungen eher aus der Humanmedizin als aus dem Sprachgebrauch der Tierärzte, um dieses Kapitel allgemein verständlicher zu machen.
Wir werden Begriffe wie „röntgen" anstatt „radiologische Untersuchung" und die Bezeichnung „Symptom" anstatt „klinischer Anzeichen" verwenden. Hunde haben keine Symptome, denn dies sind Beschreibungen von Empfindungen der Patienten. Da Hunde nicht sprechen können, muss man bei Ihnen nach „klinischen Anzeichen" suchen. Im Allgemeinen heißt es, Medizin wird praktiziert. Das ist auch richtig, denn die Medizin ist einem ständigem Wandel unterworfen, da unser Wissen über die Genetik, über elektronische Hilfsmittel und auch über individuell unterschiedliche Behandlungsmethoden unaufhörlich wächst. Es gibt viele Krankheiten, die nicht immer gleich behandelt werden. Manche Tierärzte raten zur Operation, andere wählen konservative Methoden.

Die Wahl des Tierarztes

Bei der Wahl des Tierarztes sollte nicht nur seine Persönlichkeit eine Rolle spielen, sondern vor allem seine fachliche Kompetenz und Erreichbarkeit. Sie müssen immer damit rechnen, dass ein Notfall eintritt oder dass eine Behandlung mehrere Besuche beim Tierarzt erfordert. Seine Sprechzeiten sollten patientenfreundlich sein, er sollte bekannt für seine Fähigkeiten sein und eine entsprechend ausgerüstete Praxis haben. Ideal wäre eine angeschlossene Tierklinik.
Jeder niedergelassene Tierarzt hat sein Studium mit einem anerkannten Examen abgeschlossen und

Suchen Sie sich einen Tierarzt in Ihrer Umgebung, bevor Sie den Hund kaufen. Erkundigen Sie sich nach seinen Spezialgebieten, nach den Gebühren und seiner Erreichbarkeit im Notfall usw.

Erste Hilfe auf einen Blick

Verbrennungen
Halten Sie die verbrannte Stelle unter kaltes Wasser, bei kleinen Verbrennungen können Sie einen Eiswürfel benutzen.

Insektenstiche
Benutzen Sie Eis, um die Schwellung zu verringern. Bei Allergie muss Ihr Alaskan Malamute sofort zum Tierarzt.

Tierbisse
Säubern Sie den blutenden Bereich, legen Sie evtl. einen Druckverband.

Verschlucken von Fremdkörpern
Den Hund nicht erbrechen lassen. Tierarzt anrufen.

Vergiftung mit Frostschutzmittel
Bringen Sie den Hund sofort mit Hilfe von Wasserstoffperoxid zum Erbrechen.

Angelhaken
Wird am besten vom Tierarzt entfernt, er muss zum Entfernen zerschnitten werden.

Schlangenbisse
Für den seltenen, aber möglichen Fall packen Sie Eis um den Biss, rufen Sie sofort den Tierarzt an und versuchen Sie die Schlange zu identifizieren.

Autounfall
Ziehen Sie den Hund mit Hilfe einer Decke von der Straße, suchen Sie sofort einen Tierarzt auf.

Schock
Beruhigen Sie den Hund, halten Sie ihn warm, suchen Sie sofort einen Tierarzt auf.

Nasenbluten
Legen Sie eine kalte Kompresse auf die Nase, bei sichtbaren Verletzungen üben Sie Druck aus.

Blutungen
Legen Sie einen Druckverband mit Hilfe eines Baumwollpäckchens an.

Hitzschlag
Kühlen Sie den Hund mit feuchten Tüchern, frischer Luft und kühlem Wasser. Suchen Sie einen Tierarzt auf.

Unterkühlung, Frostbeulen
Wärmen Sie den Hund mit einem warmen Bad auf, legen Sie ihn auf eine elektrische Heizdecke oder eine Wärmeflasche.

Schürfwunden
Säubern Sie die Wunde und waschen Sie sie mit klarem Wasser aus. Zum Abschluss verwenden Sie ein antiseptisches Mittel.

!! *Bedenken Sie, dass ein verletzter Hund aus Angst oder Verwirrung beißen kann. Binden Sie ihm die Schnauze zu, bevor Sie ihm helfen.* !!

erfüllt die Voraussetzungen zum Führen einer eigenen Praxis. Viele haben sich durch zusätzliche Ausbildungen auf bestimmte Bereiche spezialisiert. Es gibt Fachtierärzte für Herzerkrankungen (Kardiologen), Hauterkrankungen (Dermatologen), Zähne und Kiefer (Dentisten), Erkrankungen der Augen (Ophtalmologen), Röntgendiagnostik (Radiologen) und Spezialisten für Skelett-, Muskel- und andere Erkrankungen. Routinebehandlungen wie Kastrationen, Wundversorgung oder Impfungen macht jeder Tierarzt. Hat Ihr Hund eine ernste Krankheit, sollten Sie die Meinungen verschiedener Tierärzte einholen. Vielleicht stellen Sie dabei Unterschiede bei den Honoraren fest. Die Leistungen eines Tierarztes, besonders bei Spezialbehandlungen, sind nicht billig. Zögern Sie nicht, diesen Punkt mit dem Tierarzt oder seinen Angestellten zu besprechen. Nicht selten hängen wichtige Entscheidungen auch vom finanziellen Hintergrund ab.

Die Kastration

Bei der Kastration werden dem Rüden beide Hoden in Narkose entfernt. Nach etwa zehn Tagen ist der Hund wieder fit. Die Kastration der Hündin ist ein größerer operativer Eingriff, da die Fortpflanzungsorgane im Innern liegen. Gewöhnlich dauert es etwa zwei Wochen, bis sich die Hündin erholt hat.

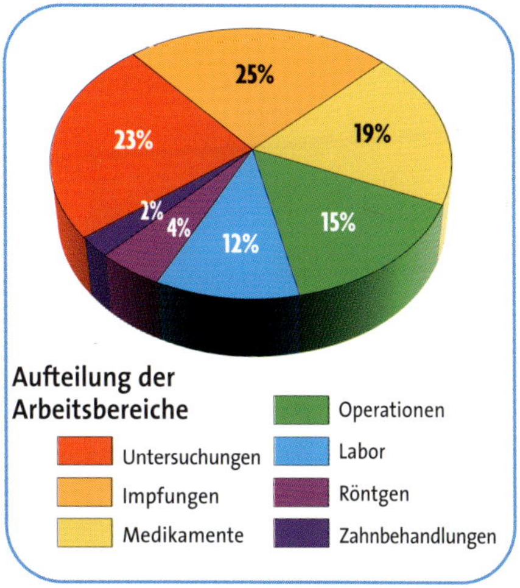

Die Arbeitsaufteilung eines Tierarztes, in einem Diagramm dargestellt.

Die richtige Vorsorge

Es ist viel einfacher, billiger und effektiver, Krankheiten vorzubeugen, als sie zu bekämpfen, wenn sie erst einmal ausgebrochen sind. Sorgfältig gezüchtete Welpen stammen von Eltern, die auf Grund ihrer genetischen Veranlagung und ihres Wesens in der Zucht eingesetzt wurden. Die Eltern müssen vollständig geimpft, frei von inneren und äußeren Parasiten sein, sowie sich im besten Ernährungszustand befinden. Um das alles zu gewährleisten, ist es wichtig, mit der Zuchthündin zum Tierarzt zu gehen. Die Hündin gibt Antikörper an ihre Welpen weiter, die diese in ihren ersten acht bis zehn Lebenswochen vor bestimmten Infektionen schützen. Sie kann aber auch Parasiten und Infektionen auf die Welpen übertragen. Deshalb ist es wichtig, sie regelmäßig dem Tierarzt vorzustellen.

Skelettstruktur des Alaskan Malamute

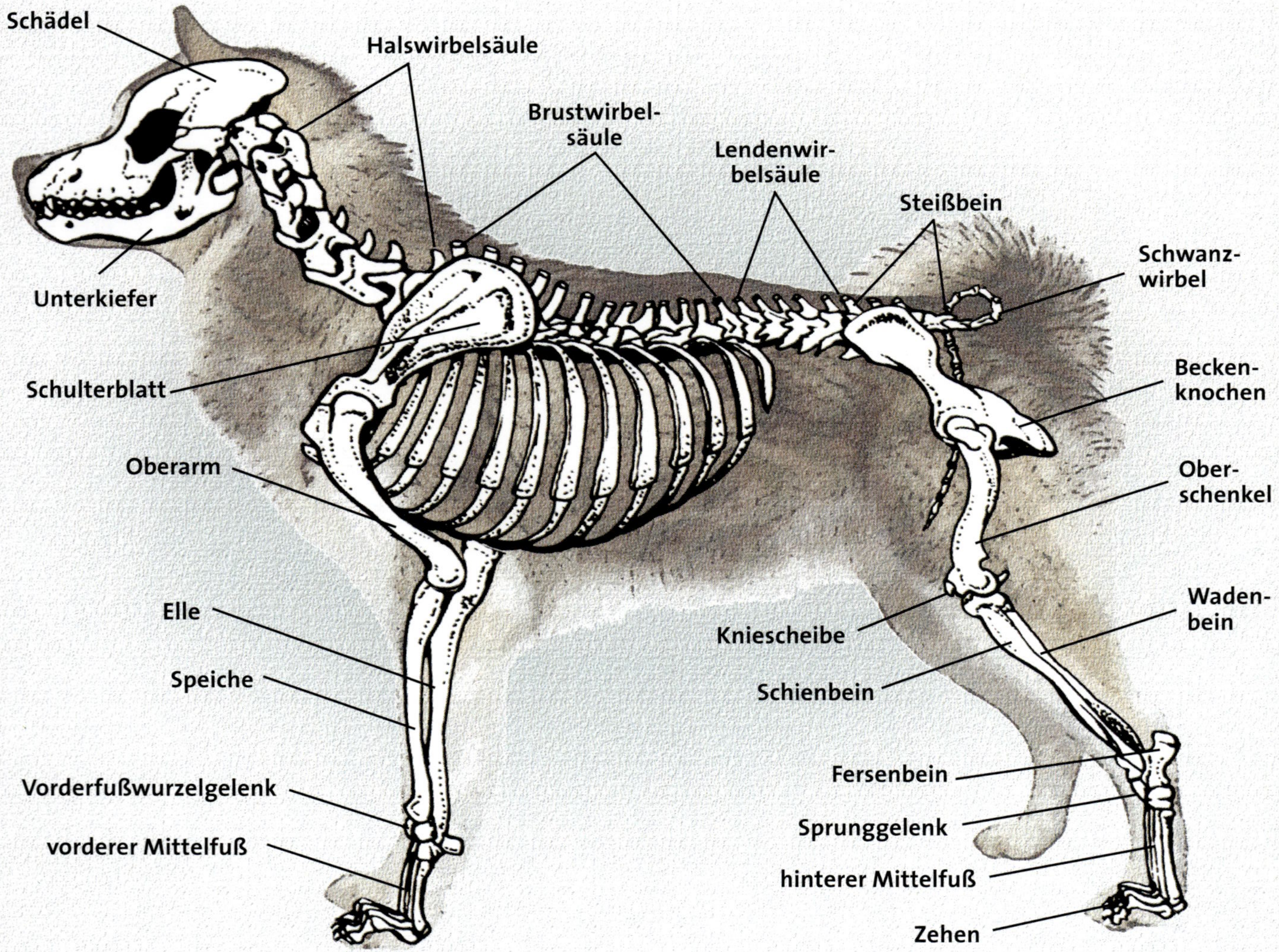

Von der Entwöhnung bis zum fünften Lebensmonat

Im Alter von etwa zwei Monaten sollten die Welpen entwöhnt sein. Welpen sollten mindestens acht Wochen bei der Mutter und ihren Geschwistern bleiben und ausreichend Kontakt zu Menschen haben. So haben sie die Möglichkeit, wichtige Verhaltensweisen im Umgang mit Artgenossen und Menschen zu lernen. Der Umgang mit anderen Hunden und Menschen fällt ihnen so auch später leichter.

Es ist ratsam, kurz nach der Übernahme den Welpen dem Tierarzt vorzustellen. Schon bald sind wichtige Impfungen fällig. Der Tierarzt wird den Allgemeinzustand des Welpen, sein Gebiss und seinen Knochenbau untersuchen. Manche Welpen haben verstärkt Probleme mit den Kniescheiben, Katarakt oder andere Augenerkrankungen, anormale Herzgeräusche oder unvollständig abgestiegene Hoden. Auch Wesensauffälligkeiten können vorkommen, am besten Ihr Tierarzt ist auch in Verhaltenskunde ausgebildet.

Die Ohren

Hunde haben sehr unterschiedliche Ohren. Stehohren sind oft gesünder als Hängeohren, da hier die Luft nicht so gut zirkulieren kann. Reinigen Sie die Ohren nur mit einem weichen Tuch oder Wattebausch. Gehen Sie nie mit einem Wattestäbchen oder ähnlichem in das Innere des Gehörgangs.

Wussten Sie schon?

Manche Fälle der Überfunktion der Nebenniere (Cushing Syndrom) können auf die Aufnahme von zu stark gechlortem Wasser zurückgeführt werden. Erkundigen Sie sich bei Ihrer Gemeinde, wie stark das Trinkwasser gechlort ist.

Der Impfplan

Die meisten Impfungen erfolgen durch Injektionen, die nur der Tierarzt verabreichen darf. Impfstoff und Datum der Impfung werden in den Impfpass eingetragen. Die erste Impfung erfolgt meist im Alter von acht Wochen, die nächste mit zehn bis zwölf Wochen und danach gegebenenfalls eine weitere im Alter von vierzehn bis sechzehn Wochen. Halten Sie sich an die Anweisungen des Tierarztes, denn die Zeitabstände richten sich nach dem verwendeten Impfstoff. Die meisten Impfungen schützen Ihren Hund vor bestimmten Viruserkrankungen.

Die meisten Impfstoffe sind Mehrfachimpfstoffe und schützen den Hund gleichzeitig vor mehreren Krankheiten wie Tollwut, Parvovirose, Staupe, Leptospirose und Hepatitis. Ist Ihr Welpe besonders gefährdet, gibt es noch andere Impfungen. Verlassen Sie sich auf den Rat Ihres Tierarztes, der Sie auch über den Turnus der fälligen Auffrischimpfungen informiert. Die meisten Impfungen müssen nach einem Jahr aufgefrischt werden. In besonderen Fällen kann auch häufiger geimpft werden.

Impf- und Vorsorgeplan

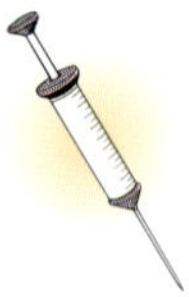

Alter in Wochen:	6.	8.	10.	12.	14.	16.	20.–24.	1 Jahr
Parvovirose	✔		✔		✔			✔
Staupe		✔		✔		✔		✔
Hepatitis		✔		✔		✔		✔
Leptospirose		✔		✔		✔		✔
Tollwut				✔				✔
Zwingerhusten		✔		✔		✔		
Entwurmen	✔	✔	✔	✔	✔	✔	✔	ca. dreimal jährlich
Gebisskontrolle		✔					✔	

1. Auffrischung mit einem Jahr, dann jährlich. Impfschutz tritt in der Regel nach ein bis zwei Wochen ein.

Die Tracheobronchitis, als Zwingerhusten bekannt, wird am wirksamsten mit einer Impfung durch eine Injektion plus einem Nasenspray behandelt. Gegen Zwingerhusten wird oft routinemäßig geimpft. Diese Impfung ist jedoch häufig nicht so effektiv wie die anderen Impfungen.

Fünfter bis zwölfter Lebensmonat

Wer nicht züchten oder seinen Hund ausstellen möchte, kann ihn kastrieren lassen. Über den richtigen Zeitpunkt gibt es verschiedene Meinungen. Aber es ist sicher nicht falsch, damit zu warten, bis der Hund körperlich und vom Wesen her erwachsen ist. Das ist frühestens mit Eintritt der Geschlechtsreife der Fall. Laut Tierschutzgesetz in Deutschland ist das aber nicht ohne medizi-

Impfungen

Impfungen wirken nicht immer. Manchmal reagieren Hunde auf Impfungen allergisch, und manchmal werden keine Antikörper, deren Produktion durch die Impfung angeregt werden soll, gebildet. Vorsichtshalber sollten Sie nach der Impfung noch etwas beim Tierarzt bleiben, um sicher zu sein, dass keine allergische Reaktion zu auftritt.

nischen Grund möglich. Eine Indikation dafür kann bei Rüden eine Hypersexualität sein, bei Hündinnen etwa ausgeprägte Scheinträchtigkeiten. Bei kastrierten Hunden ist es durch den veränderten Hormonhaushalt wichtig, die tägliche Futtermenge um etwa ein Drittel zu reduzieren. Mit sechs Monaten sollte Ihr Tierarzt das Gebiss Ihres Junghunds gründlich untersuchen, um zu prüfen, ob alle bleibenden Zähne ohne Probleme durchgebrochen sind. Auch zu Hause sollte das Gebiss gepflegt werden. Am besten geschieht das durch hundegerechte Nahrung, wöchentliches Zähneputzen und regelmäßige Gabe von harten Hundekuchen und anderen Kauartikeln. Das hält die Zähne gesund, sorgt für frischen Atem und ein längeres Leben.

Ein bis sieben Jahre

Mindestens einmal pro Jahr sollte der erwachsene Hund dem Tierarzt zur Impfung und Untersuchung vorgestellt werden. Manche Tierärzte empfehlen bei diesen jährlichen Besuchen

Einige Krankheiten in der Übersicht

Krankheit	Was ist das?	Ursache	Symptome
Leptospirose	schwere Krankheit, die die inneren Organe angreift; kann auf Menschen übertragen werden	Bakterien, die häufig von Nagetieren verbreitet werden, sich durch die Schleimhäute im Körper verbreiten	Fieber, Erbrechen und Appetitverlust, in weniger schweren Fällen; bis zu Schock, unheilbarem Nierenversagen und möglicherweise Tod in besonders schweren Fällen
Tollwut	tödliches Virus, das für warmblütige Säugetiere infektiös ist	Bakterie, die oft von Nagetieren übertragen wird, ebenfalls durch die Schleimhäute eindringt und sich schnell im ganzen Körper verteilt	1. Stadium – Verhaltensänderung, Angst 2. Stadium – gesteigerte Aggressivität 3. Stadium – Koordinationsverlust und Verlust der Kontrolle über die Körperfunktionen
Parvovirose	hochansteckendes Virus, potentiell tödlich	Aufnahme des Virus vor allem über den Kot infizierter Hunde	im Allgemeinen schwere Durchfälle, Erbrechen, Müdigkeit und Appetitlosigkeit; schneller Tod
Tracheobronchitis (Zwingerhusten)	ansteckende Atemwegsinfektion	Kombination von Bakterien und Viren. Häufg kommen *Bordetella bronchiseptica bacteria* und das *Parainfluenza*-Virus vor.	chronischer Husten
Staupe	Krankheit, die das Atemwegs- und Nervensystem angreift	ein Virus, das mit dem menschlichen Masernvirus verwandt ist	leichte Symptome wie Fieber, Appetitlosigkeit und Schleimausscheidung steigern sich bis hin zu Ausfällen des Gehirns
Hepatitis	ein Virus, das hauptsächlich die Leber angreift	ein Canine adenovirus type I (CAV-1). Wird durch Einatmen aufgenommen	schwächere Symptome sind Durchfall und Erbrechen, schwerere Symptome sind beispielsweise Virusklumpen in den Augen
Coronavirus	ein Virus, das Verdauungsprobleme hervorruft	Virus wird durch den Kot infizierter Hunde verbreitet	Magenverstimmung, gekennzeichnet durch Appetitverlust, Erbrechen und Durchfall

Die Gebisspflege

Im Alter zwischen sechs und zwölf Monaten sollte das Gebiss Ihres Hundes darauf untersucht werden, ob alle bleibenden Zähne korrekt durchgebrochen sind. Wird der Hund artgerecht ernährt, brauchen Sie ihm nicht die Zähne zu putzen. Ein harter Hundekuchen, ab und zu ein getrockneter Ochsenziemer oder spezielle Kauartikel zur Zahnpflege reichen aus, um das Gebiss zu pflegen. Dennoch sollte es regelmäßig auf Entzündungen und Zahnbelag kontrolliert werden, um gegebenenfalls rechtzeitig eine Behandlung einzuleiten. Neigt Ihr Hund zu Zahnstein, sollten Sie diesen regelmäßig entfernen lassen. Achten Sie darauf, dass der Hund nicht auf Steinen herumkaut. Das ist sehr schlecht für seine Zähne. Vorsicht auch mit spitzen Stöcken, er könnte sich im Maul und am Zahnfleisch damit verletzen.

eine Blutuntersuchung, eine Bestimmung des Schilddrüsenhormonspiegels und eine Untersuchung der Zähne. Eine komplette klinische Untersuchung durch den Tierarzt kann entscheidende Ergebnisse für Ihren Hund bringen. Blutuntersuchungen werden oft im Alter von einem Jahr empfohlen, eine umfangreichere zahnärztliche Untersuchung mit etwa drei bis vier Jahren. Auf lange Sicht erspart eine gute Vorsorge Geld, rettet Zähne und verlängert das Leben.

Hauterkrankungen

Häufiger als mit anderen Krankheiten werden Tierärzte mit Hauterkrankungen konfrontiert. Die Haut von Hunden ist fast ebenso empfindlich wie die des Menschen. Hunde können unter denselben Hautproblemen leiden wie Menschen. Die Dermatologie hat sich deshalb zu einem Fachgebiet entwickelt, auf das sich immer mehr Tierärzte spezialisieren.
Da viele Hauterkrankungen ähnliche Symptome zeigen, muss der Tierarzt fundierte Kenntnisse und viel Erfahrung auf dem Gebiet der Dermatologie haben, um die vielen Hauterkrankungen richtig diagnostizieren und behandeln zu können. Viele Zoofachgeschäfte bieten Mittel für Hautprobleme an. Die meisten dieser Mittel sind jedoch nur auf die Sypmtome und nicht auf die eigentlichen Ursachen ausgerichtet. Wenn Sie eine Hautveränderung bei Ihrem Hund feststellen, sollten Sie so schnell wie möglich einen qualifizierten Tierarzt aufsuchen. Wie für alle Krankheiten gilt auch hier: Je eher sie erkannt und behandelt wird, um so größer sind auch die Heilungschancen.

Erbliche Hautkrankheiten

Manche Hauterkrankungen sind erblich bedingt und sehr ernst. Die Akrodermatitis wird rezessiv vererbt. Wenn zwei Eltern, die äußerlich gesund aussehen, ein rezessives Gen für diese Erkrankung in sich tragen, sind sie Träger, aber erkranken nicht. Die Nach-

kommen hingegen können erkranken. Die Akrodermatitis ist ein Beispiel dafür, wie schwer es ist, erblich bedingte Erkrankungen des Hundes zu bekämpfen. Um sicher zu gehen, dass zwei Hunde miteinander gepaart werden können, sind sehr viel Fachwissen und hohe Kosten für die Untersuchungen erforderlich. Welpen mit Akrodermatitis erleben nur selten ihren zweiten Geburtstag.
Andere erbliche Hauterkrankungen verlaufen weniger dramatisch. Alle Erbkrankheiten müssen von einem Tierarzt dieses Spezialgebiets festgestellt und behandelt werden. Von verschiedenen veterinärmedizinischen Firmen gibt es Programme zur Bekämpfung zwar nicht aller, aber zumindest der häufigsten Hauterkrankungen bei Hunden.

Akrodermatitis

Tragen die Eltern das rezessive Gen für Akrodermatitis in sich, besteht zu 25 % die Wahrscheinlichkeit, dass der Welpe erkrankt.

AA = normal, gesund
aa = krank
Aa = Träger des Gens, aber gesund

Falls die Mutter und der Vater die Genkombination Aa tragen, ist die Wahrscheinlichkeit, dass der Welpe die krankmachende Kombination aa in sich trägt, 1 : 4

	Hündin		
	A	a	♀
Rüde A	AA	Aa	
Rüde a	Aa	aa	
♂			

Parasitenbisse

Viele Menschen reagieren allergisch auf Parasitenbisse oder -stiche. Die Stiche jucken, schwellen an und infizieren sich manchmal.
Auch Hunde können allergisch auf Flöhe, Zecken oder Milben reagieren. Wenn ein Parasit auf Ihrer Haut landet, haben Sie die Möglichkeit, mit der Hand danach zu schlagen. Wird der Hund von einem Floh, einer Zecke oder Milbe gebissen oder von einer Mücke, Biene oder Wespe gestochen, kann er sie leider nur durch Kratzen oder Beißen los werden. Wurde der Hund bereits gebissen oder gestochen, hat ihm damit der Überrtäter schon geschadet. Vielleicht hat er auch schon seine Eier an dieser Stelle abgelegt, die dann über kurz oder lang zu weiteren Problemen führen können. Der Juckreiz von Insektenstichen oder Parasitenbissen wird von dem Speichel ausgelöst, den das suagende Tier in die Stichstelle absondert, um die Blutgerinnung zu hemmen. Suchen Sie Ihren Hund nach jedem Spaziergang nach Parasiten ab und entfernen Sie diese sorgfältig.

Autoimmunerkrankungen der Haut

Bei dieser Art von Erkrankungen spricht man von einer Allergie gegen sich selbst, während andere Allergien durch Überempfindlichkeitsreaktionen auf Substanzen von außen ausgelöst werden. Autoimmunerkrankungen führen zu schweren Schäden für das betroffene Gewebe.

Die bekannteste Autoimmunerkrankung ist Lupus, die Menschen, wie Hunde befallen kann. Die Symptome sind unterschiedlich, es können Nieren, Knochen, Blut und die Haut betroffen sein. Diese Krankheit kann auch beim Hund tödlich verlaufen. Eine frühzeitige Behandlung ist jedoch erfolgversprechend.

Pollenallergie

Beim Menschen äußert sich eine Pollenallergie durch Heuschnupfen, Nesselfieber oder andere Beschwerden während der Blütezeit. Viele Hunde haben die gleichen Allergien. Wenn der Pollenflug sehr stark ist, kann auch Ihr Hund darunter leiden, aber erwarten Sie nicht, dass er jetzt ständig niest oder seine Nase läuft, wie es beim Mensch ist. Hunde mit einer Pollenallergie reagieren darauf genauso wie auf einen Flohbiss, indemsie sich kratzen und beißen. Alaskan Malamutes sind für Pollenallergien sehr anfällig.

Genau wie bei Menschen kann man auch bei Hunden Allergietests durchführen. Sprechen Sie mit Ihrem Tierarzt darüber.

Ernährungsprobleme

Futtermittelallergien

Hunde können auf Futtermittel, die Sie im Handel kaufen, allergisch reagieren. Ein Wechsel der Futtermarke ist dann nicht erfolgreich, wenn der Bestandteil, gegen den Ihr Hund allergisch ist, auch in dem anderen Futter enthalten ist. Eine Futtermittelallergie ist recht schwer zu diagnostizieren. Menschen erbrechen sich oder bekommen einen Ausschlag, nachdem sie etwas gegessen haben, wogegen sie allergisch sind. Hunde erbrechen sich in den allermeisten Fällen nicht und entwickeln in vielen Fällen auch keinen Ausschlag. Sie reagieren genauso wie auf einen Flohbiss oder bei einer Pollenallergie, denn es juckt sie und sie kratzen und beißen sich. Das macht die genaue Diagnose äußerst schwierig. Pollenallergien treten zeitlich begrenzt auf, Futtermittelallergien sind ein ständiges Problem, das eine ernsthafte Gesundheitsgefahr darstellt.

Unverträglichkeit von Futtermitteln

Eine Unverträglichkeit von Nahrung ist häufig die Unfähigkeit, sie vollständig zu verdauen. Welpen können Muttermilch sehr gut verwerten, vertragen Kuhmilch dagegen meist nicht. Das Ergebnis sind Durchfälle, Blähungen und Bauchschmerzen. Das sind die einzigen sichtbaren Symptome einer Futterunverträglichkeit, was die genaue Diagnose wiederum erschwert.

Die Behandlung von Futtermittelallergien

Es ist möglich, Futtermittelallergien oder -unverträglichkeiten selbst zu behandeln. Stellen Sie Ihren Hund auf ein Diätfutter um, das er noch nie zuvor bekommen hat. Falls er dieses Futter noch nie bekommen hat, konnte er darauf nicht mit Unverträglichkeit oder allergisch reagieren. Nun beginnen Sie, einen Bestandteil hinzuzufügen, der noch nicht im Futter enthalten ist, zum Beispiel rohe Kutteln oder Vollkornbrot. Füttern Sie den Hund nun einen Monat so, ohne etwas anderes dazugeben. Wenn die Symptome verschwinden, bleiben Sie bei dieser Ernährung, geben Sie jedoch noch einen Bestandteil seines früheren Futters hinzu. Füttern Sie ihn wieder einen Monat so weiter, bevor Sie einen weiteren Bestandteil dazu geben. Es kann eine Zeit lang dauern, aber so werden Sie herausfinden, welche Substanz bei Ihrem Hund Probleme auslöst.

Sie können auch anders vorgehen. Lesen Sie sorgfältig die Zusammensetzung des Futters, auf das Ihr Hund mit Allergien oder Unverträglichkeiten reagiert hat. Finden Sie heraus, woraus es in der Hauptsache besteht. Nun kaufen Sie ein Futter, das diese Bestandteile nicht enthält. Experimentieren Sie so lange weiter, bis die Symptome mit einer neuen Ernährung innerhalb eines Monats verschwinden.

Achtung, giftige Pflanzen!

Viele Pflanzen und Blumen sind schön anzuschauen, können aber sehr giftig sein, wenn Ihr Hund sie frisst. Die Folgen reichen von Bauchschmerzen und Erbrechen bis zu Krämpfen und Tod. Falls Sie die folgenden Pflanzen im Haus haben, sollten Sie sie entfernen. Wachsen sie im Garten, vermeiden Sie Unfälle, in dem Sie den Hund in diesem Bereich nie aus den Augen lassen oder die Pflanzen entsprechend sichern.

Amarillis (Knollen)	Eisenhut	Narzissen (Knollen)
Apfelkerne	Fingerhut	Oleander
Avocadopflanzen	Holunderbeeren	Philodendron
Azaleen	Hyazinthen (Knollen)	Pilze
Brennesseln	Iris (Knollen)	Rhabarber
Butterblumen	Jasmin (Beeren)	Rhododendron
Christusdorn	Kirschkerne	Rittersporn
Dieffenbachien	Lorbeer	Tollkirsche
Efeu	Märzbecher	Tulpenzwiebeln
Eibe	Mistelbeere	Walnuss

Eine Rasterelektronenmikroskopaufnahme eines Hundeflohs, *Ctenocephalides canis.*

Der vergrößerte Kopf eines Hundeflohs, *Ctenocephalides canis.*

Außenparasiten (Ektoparasiten)

Von allen Problemen, mit denen ein Hund zu tun hat, sind diese Parasiten eines der bekanntesten und frustrierendsten. Ein Befall ist zwar relativ einfach zu behandeln, aber schwer zu verhindern. Innerliche Parasiten sind dagegen nicht so leicht zu behandeln, aber leichter unter Kontrolle zu bringen.

Flöhe

Um einen Flohbefall unter Kontrolle zu halten, muss man seinen Lebenszyklus kennen. Flöhe gelten oft als ein Problem der warmen Jahreszeiten, aber beheizte Räume haben die Lebensbedingungen verändert und so gibt es das ganze Jahr über Flöhe. Am effektivsten ist die Bekämpfung auf zwei Arten, zum einen werden die

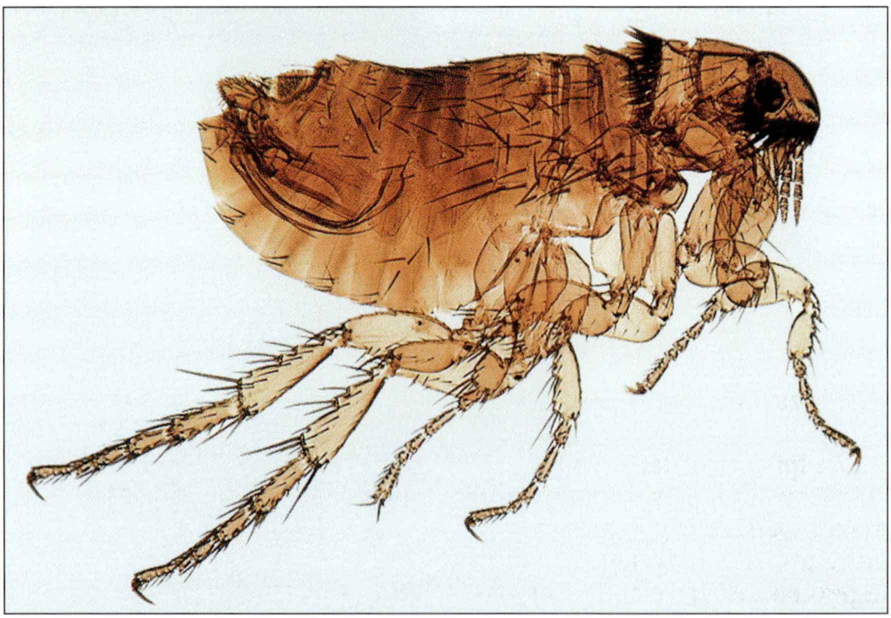

Ein männlicher Hundefloh, *Ctenocephalides canis.*

Wussten Sie schon?

Flohbekämpfungsmittel sind giftig. Sprühen Sie diese Chemikalien nicht an Körperstellen, die der Hund ableckt, wie etwa den Genitalbereich oder das Gesicht. Flohmittel, die sich über die Haut ausbreiten, sind in der Regel besser geeignet. Besprechen Sie mit dem Tierarzt, welche Therapie für Ihren Hund geeignet ist.

erwachsenen Flöhe und gleichzeitig die Vorstadien bekämpft, mit einem anderen Mittel werden gezielt die Floheier vernichtet. Leider gibt es keinen Wirkstoff, der gleichzeitig gegen Eier und Flöhe wirkt.

Die Entwicklungsstadien des Flohs

Während seines Lebens durchläuft der Floh vier Stadien: das Ei-, Larven, Puppen- und Erwachsenenstadium. Der fertige Floh ist die bekannteste und lästigste Erscheinungsform, weshalb sich die meisten Flohbekämpfungsmittel auf dieses Stadium konzentrieren. Tatsächlich machen aber erwachsene Flöhe nur ein Prozent der gesamten Flohpopulation aus. Die restlichen 99 Prozent existieren in den anderen Stadien als Ei, Larve oder Puppe. Mit bloßem Auge sind diese Stadien nur schwer zu erkennen.

Die Fortpflanzung des Flohs

Die Eier werden mehrmals täglich in Mengen von zwanzig bis dreißig Stück auf dem Hund abgelegt. Vor dem Legen braucht der weibliche Floh eine Blutmahlzeit. Zuerst sind die Eier feucht und bleiben deshalb am Fell des Hundes kleben. Sie trocknen jedoch rasch und fallen zu Boden, besonders wenn der Hund herumläuft oder sich kratzt. Viele der Eier landen in Bereichen, in denen sich der Hund oft aufhält, wie seinem Bett. Sind die Eier vom Hund auf Teppiche und Möbel gefallen, schlüpfen aus ihnen nach ein bis zehn Tagen die Larven. Die Larven sind nicht sehr beweglich und kriechen nur wenige Zentimeter weiter. Sie haben aber die Tendenz, Licht und Trubel zu meiden und kriechen unter Möbel oder hinter Türen. Das sind bevorzugte Bereiche, in denen man viele Flohlarven finden kann.

Flöhe

Flöhe gibt es seit Millionen von Jahren. Sie haben sich an ihre veränderten Wirtstiere angepasst. Für einen kompletten Lebenszyklus brauchen sie weniger als einen Monat, und sie können ihr Puppenstadium bis zu zwei Jahren ausdehnen. Sie können bis zu zwanzig Monate ohne Blut oder anderes Futter auskommen. Flöhe können in jede Richtung springen, sogar steil nach oben, und 150 mal weiter, als sie lang sind. Dies sind nur einige der Gründe, warum sie so erfolgreich sind!

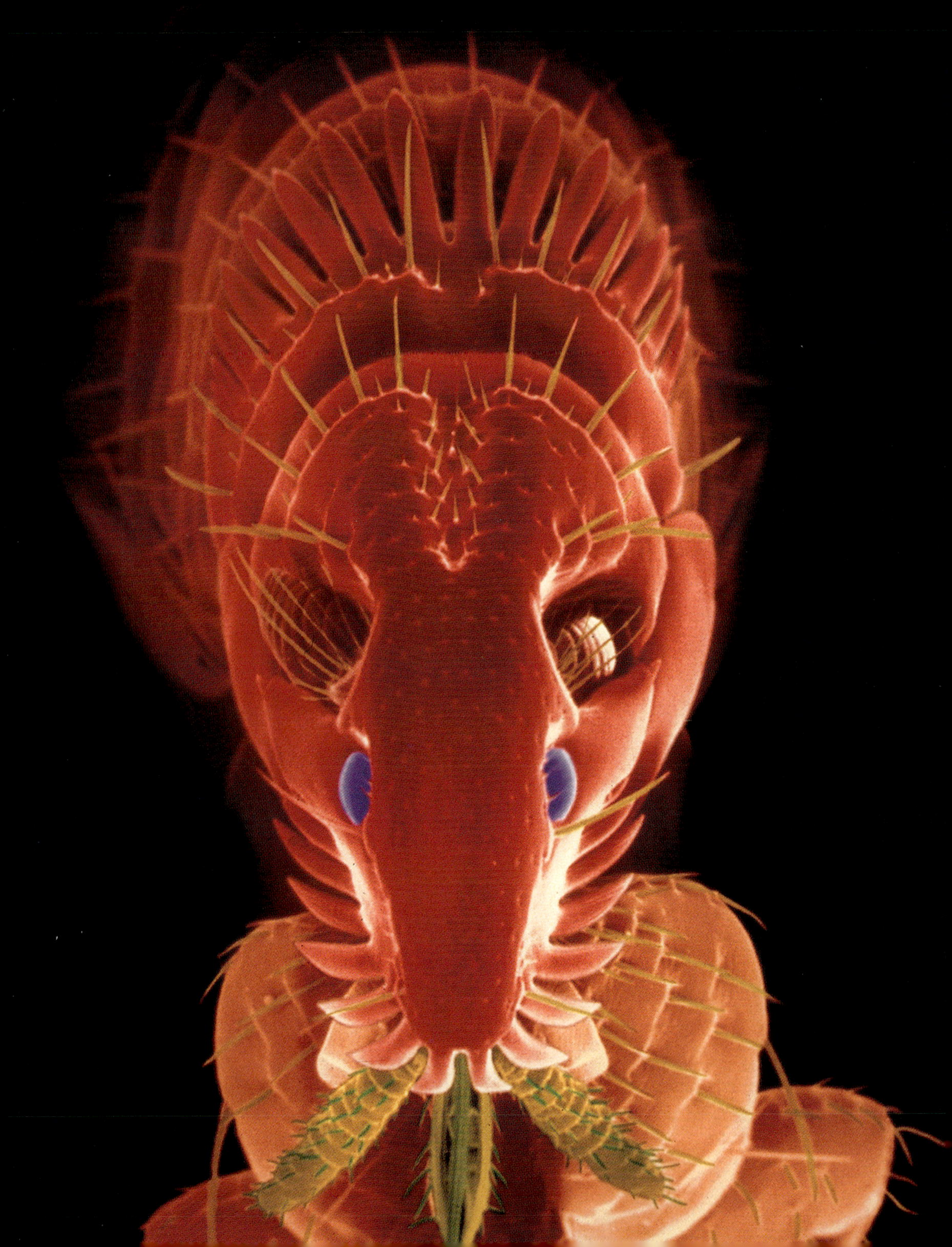

Bis zum adulten Stadium ernährt sich die Flohlarve von toten organischen Materialien, wie Hautschuppen oder Flohkot. Das Larvenstadium dauert etwa sieben Tage. Danach verpuppt sich die Larve. Während dieser Phase durchläuft sie eine Metamorphose, durch die sie sich in einen Floh verwandelt. Die Metamorphose dauert zwar nur zwei Tage, aber der fertige Floh kann für zwei Jahre in der Puppenhülle bleiben, bevor er schlüpft. Wann er schlüpft, hängt von den äußeren Bedingungen ab. Signale zum Schlüpfen können Druck, die Wärme eines Tieres, ansteigender Kohlendioxidgehalt oder Erschütterungen sein, denn diese Veränderungen signalisieren, dass ein geeigneter Wirt in der Nähe ist.

Einmal geschlüpft, muss der Floh innerhalb weniger Tage Nahrung finden. Hat er erst einmal einen Wirt gefunden, wird er diesen nicht mehr freiwillig verlassen. Nur Bürsten, das Kratzen des Hundes oder Ihre Flohbekämpfung können ihn vertreiben.

Wussten Sie schon?

Verwenden Sie nicht mehrere Flohschutzmittel nebeneinander, ohne vorher den Tierarzt zu fragen. Einige Produkte können giftig werden, wenn man sie kombiniert. Das kann ernste und gefährliche Folgen haben.

Der effektive Schutz vor Flöhen

Mit den folgenden Ratschlägen können Sie sich gegen Flöhe schützen:

- Fügen Sie dem Bad des Hundes einen Schuss Eukalyptusöl hinzu. Dieses natürliche Heilmittel vertreibt Flöhe.
- Mischen Sie frischen Knoblauch (gehackt oder gerieben) oder eine gesunde Menge Bierhefe unter das Futter. Beides hält Flöhe fern.
- Pflegen Sie Ihren Hund täglich mit dem Flohkamm und vernichten Sie ausgekämmte Flöhe sofort.
- Lassen Sie den Hund bei Flohbefall nicht in alle Zimmer, damit sie sich nicht ausbreiten.
- Saugen Sie die Wohnung täglich auch alle Ritzen und wechseln Sie den Staubsaugerbeutel alle paar Tage, bis das Problem unter Kontrolle ist.
- Waschen Sie das Hundebett täglich. Decken Sie Kissen des Hundes mit Handtüchern ab und waschen Sie die Handtücher oft.

Die Behandlung des Hundes und seiner Umgebung

Die Bekämpfung des Floh erfordert ein zweigleisiges Vorgehen. Zuerst muss die Umgebung behandelt werden, einschließlich Teppiche und Möbel, besonders das Hundebett und die Bereiche unter den Möbeln. Die Umgebung sollte mit einem speziellen Mittel behandelt werden. Diese Mittel töten erwachsene Flöhe und ahmen die Hormone der Floh-

Gegenüberliegende Seite: Eine Rrasterelektronenmikroskopaufnahme eines Hunde- oder Katzenflohs, *Ctenocephalides*, in 100-facher Vergrößerung. Für eine bessere Wirkung wurde es koloriert.

Der Lebenszyklus eines Flohs

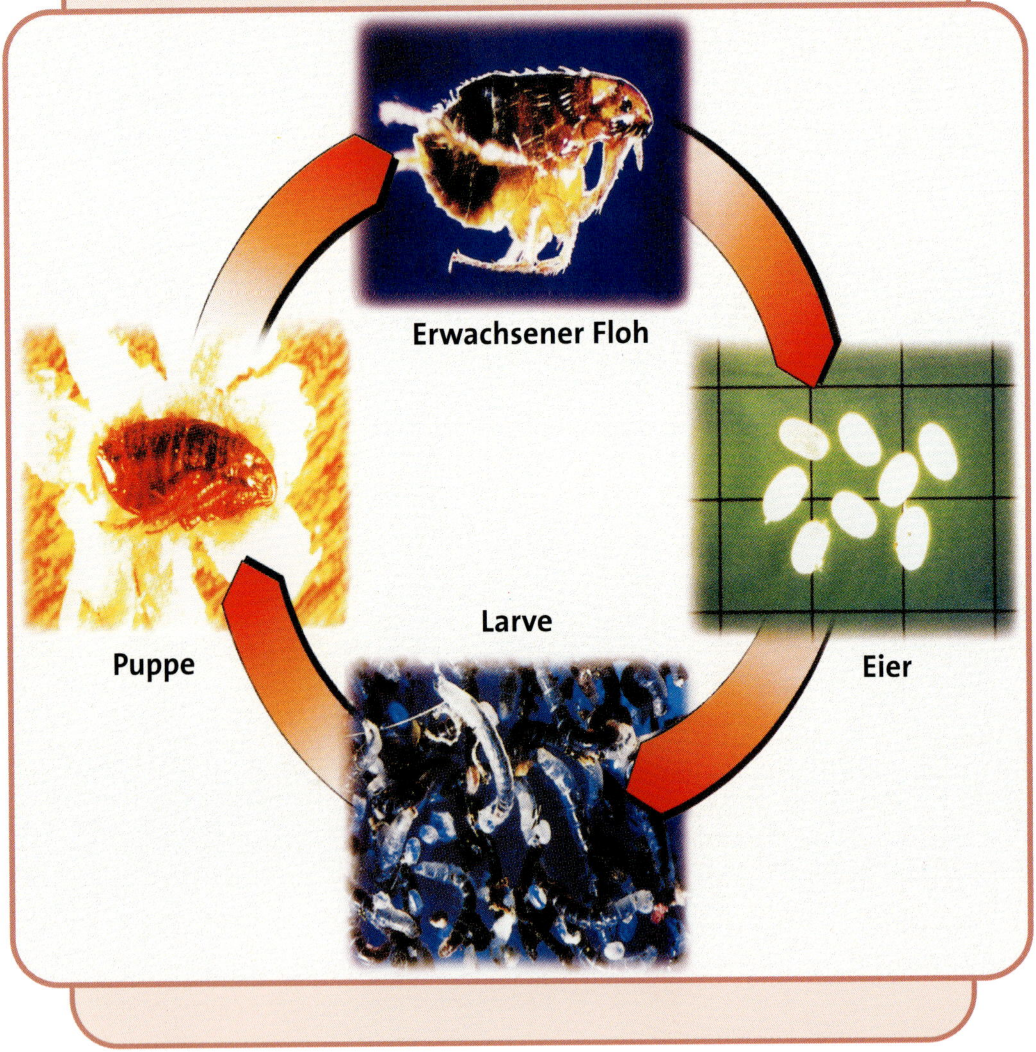

eier nach. So stoppen sie die Entwicklung zum fertigen Floh. Gegen die Puppen gibt es kein Mittel, so dass die erwachsenen Flöhe kurz nach dem Schlüpfen vernichtet werden müssen, bevor sie einen Wirt gefunden haben. Die meisten Mittel sind mehrere Monate lang wirksam. Wird ein Spray verwendet, ist es empfehlenswert, vor der Anwendung staubzusaugen. Das regt manche Puppen zum Schlüpfen an. Der Staub-

Dieses großartige Foto von Dwight R. Kuhn zeigt einen Floh, der gerade auf den Rücken eines Hundes springt.

sauger sollte ebenfalls mit einem Flohmittel behandelt werden, um zu vermeiden, dass eingesaugte Puppen im Staubsaugerbeutel schlüpfen.
Als nächstes wird der Hund behandelt. Dafür gibt es verschiedene Mittel, Sprays und Halsbänder. Neuere Mittel enthalten verdauliche Substanzen, die den Floh vergiften, wenn er das Blut saugt. Alternativ werden auch Tropfen eingesetzt, die auf die Haut zwischen den Schulterblättern des Hundes geträufelt werden. Der Wirkstoff geht ins Blut über und vernichtet ausgewachsene Flöhe beim Saugen.

Zecken und Milben

Obwohl Zecken und Milben nicht so häufig sind wie Flöhe, gibt es sie doch in allen tropischen und gemäßigten Zonen der Erde. Sie beißen nicht wie Flöhe, sondern bohren ihren scharfen Rüssel in die Haut des Hundes, um an das Blut des Hundes zu gelangen, das ihre einzige Nahrungs- und Flüssigkeitsquelle darstellt. Hierdurch können sie gefährliche Krankheiten übertragen, wie die Frühsommer-Meningitis (FSME), Borreliose und andere Krankheiten. Zecken und Milben haben den gleichen Lebensraum wie Flöhe, außerdem bevorzugen sie Mauerritzen und -fugen in der Nähe von Hunden. Bekämpft werden sie genauso wie die Flöhe.

Flöhe effektiv bekämpfen

Flöhe müssen zweifach bekämpft werden - direkt auf dem Hund und in der Umgebung. Erwachsene Flöhe machen weniger als einen Prozent der Population aus. Die restlichen 99 Prozent sind Eier, Larven und Puppen. Sie befinden sich in der Umgebung des Hundes. Es müssen deshalb zusätzlich solche Produkte verwendet werden, die auch diese Stadien vernichten. Fragen Sie Ihren Tierarzt nach geeigneten Mitteln und achten Sie darauf, dass Kinder nicht damit in Berührung kommen. Dies gilt auch für Floh- und Zeckenhalsbänder. Krabbelkinder und Welpen sind in geschlossenen Räumen unter Umständen einer gefährlichen Konzentration des Flohmittels ausgesetzt, dies kann zu Gesundheitsproblemen führen.
Sorgen Sie vor! Lassen Sie Ihren Hund nicht mit streunenden und verwahrlosten Hunden in Kontakt kommen. Diese Hunde haben sehr oft Flöhe im Fell; so können die Flöhe sehr leicht auch auf Ihren Hund hinüber springen.

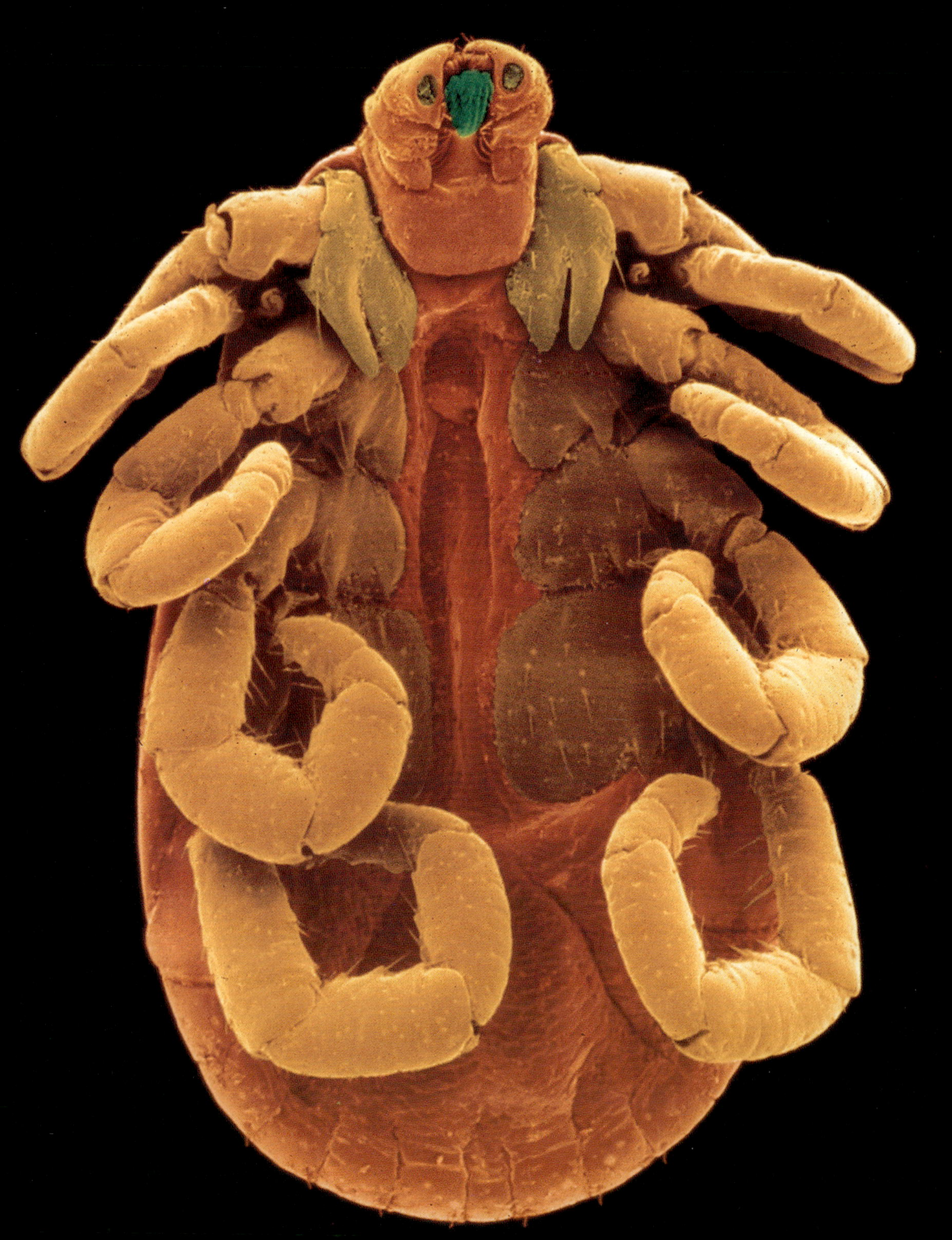

Die Hundezecke ist vermutlich in vielen Gebieten, besonders in heißen und feuchten Klimazonen, die am meisten verbreitete Art.

Die Lebenserwartung der meisten Hundezecken schwankt zwischen einer Woche und sechs Monaten, je nachdem, in welchem Klima sie leben. Sie können weder springen noch fliegen, aber sie können langsam krabbeln und dabei bis zu fünf Meter zurücklegen, um einen schlafenden oder ahnungslosen Hund zu erreichen.

Borreliose

Lange Ausflüge im Freien sind ein großer Spaß für den Hund, können aber auch gefährlich sein. Die Hirschzecke kann das Bakterium *Borellia burgdorferi* übertragen. Diese Zecken sind im Frühjahr und Herbst am aktivsten. Wird eine Infektion früh erkannt, lässt sie sich mit Penicillin und Tetracyclin wirksam behandeln. Unbehandelt jedoch kann dieses Bakterium Nervenschäden, Nieren- und Herzprobleme wie auch starke Gelenkschmerzen verursachen.

Eine Hirschzecke, Überträger der Lyme-Krankheit. Diese vergrößerte Aufnahme wurde coloriert.

Gegenüberliegende Seite: Die Hundezecke, *Dermacentor variabilis,* ist wahrscheinlich die bei Hunden am häufigsten vorkommende Zecke. Sehen Sie sich die Mundwerkzeuge an! Kein Wunder, dass sie sich so schwer entfernen lässt.

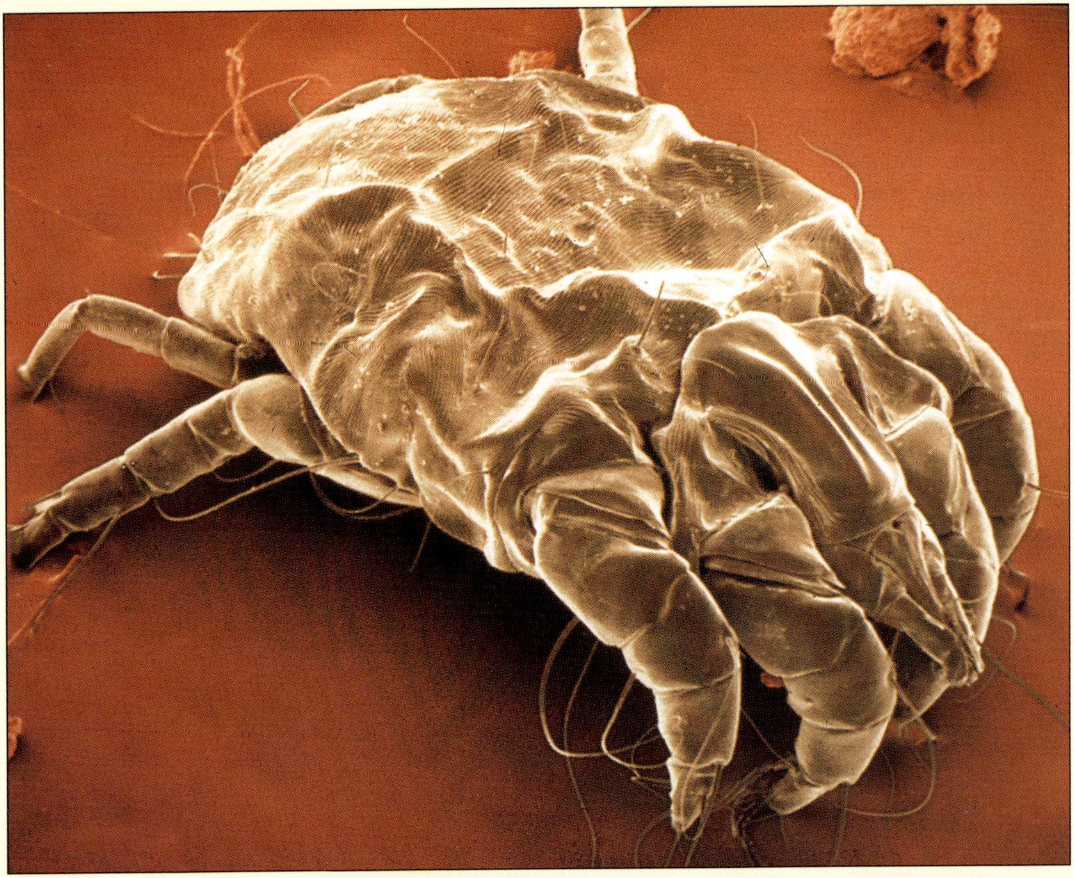

Oben: Die Räudemilbe *Psoroptes bovis*

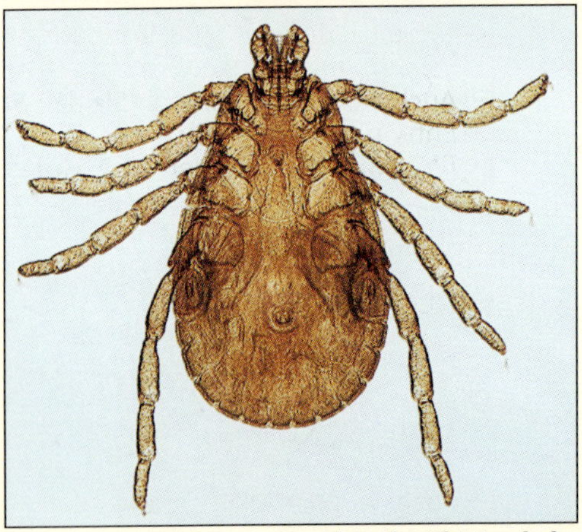

Die braune Hundezecke, *Rhipicephalus sanguineus*, ist bei Hunden zwar selten, aber sehr unangenehm.

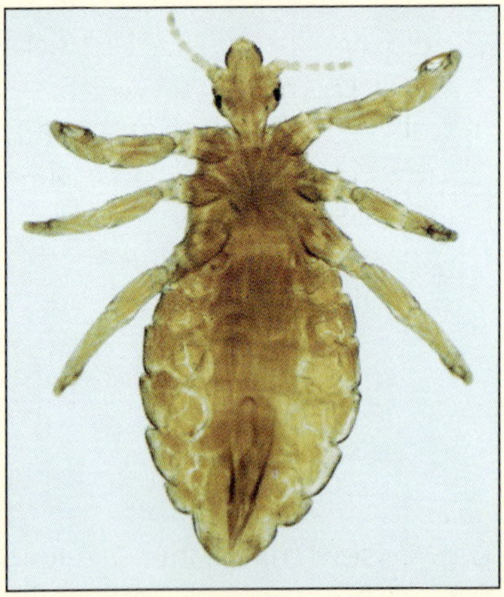

Menschen- und Hundeläuse sehen sich sehr ähnlich. Sie sind eng miteinander verwandt.

Räude

Milben verursachen eine Hauterkrankung, die als Räude bekannt ist. Einige Räudemilben sind übertragbar, wie z.B. Cheyletiella, Ohrmilben und Sarcoptes; nicht ansteckend ist dagegen die Demodexmilbe. Am meisten verbreitet ist die Ohrmilbe. Behandelt wird sie mit einem speziellen Mittel, das Ihnen der Tierarzt verschreibt.

Es ist äußerst wichtig, dass jeder Befall mit Milben so schnell wie möglich behandelt wird, weil manche Formen der Räude auch auf Menschen übertragen werden können.

Innere Parasiten (Endoparasiten)

Die meisten Lebewesen - Fische, Vögel und Säugetiere und auch Menschen - haben Würmer, die in ihrem Körper leben. Der Fischpathologe Dr. Herbert Axelrod unterscheidet zwei Arten von Parasiten, die „Dummen" und die „Klugen". Die „Klugen" leben mit ihrem Wirt in Einklang zusammen, bekannt als Symbiose, während die „Dummen" ihren Wirt letztlich umbringen. Die meisten Wurminfektionen sind relativ leicht zu behandeln. Ohne Behandlung können sie ihren Wirt aber so schwächen, dass er anfällig für andere Krankheiten wird. Sie selbst führen bei erwachsenen Hunden meist nicht zum Tod, können für Welpen aber bei starkem Befall lebensbedrohlich werden.

Spulwürmer

Die wissenschaftliche Bezeichnung für den häufigsten Hundespulwurm ist *Toxocara canis*. Spulwürmer leben im Darm und scheiden permanent Eier aus. Man schätzt, dass ein durchschnittlich großer Hund etwa 150 g Kot pro Tag produziert. Jedes Gramm kann durchschnittlich 10 000 bis 12 000 Eier enthalten. Es gibt praktisch keinen Bereich, in dem sich Hunde bewegen, der nicht von Spulwurmeiern verseucht ist. Spulwürmer sind auch auf den Menschen übertragbar! Deshalb sollte Ihr Hund regelmäßig auf Spulwürmer untersucht werden, auch in Ihrem eigenen Interesse.

Das Entwurmen

Das Entwurmen des Welpen ist äußerst wichtig, denn manche Wurmarten, wie Spul- und Bandwürmer, sind auf den Menschen übertragbar. Viele Züchter entwurmen die Welpen schon ab der zweiten Woche. Diese regelmäßigen Wurmkuren müssen bis zur zwölften Woche fortgesetzt werden. Der Züchter Ihres Welpen sollte Sie mit dem weiteren Vorgehen vertraut machen.

Auch Ihr Tierarzt kann für Sie den Entwurmungsplan festlegen und überwachen. Normalerweise wird der Welpe alle zwei Wochen entwurmt. Ein ständig wurmfreier Hund ist allerdings meist reine Theorie. Verwenden Sie nur Wurmmittel, die der Tierarzt verordnet. Auch erwachsene Hunde sollten regelmäßig entwurmt werden, etwa zwei- bis dreimal jährlich. Leben Kleinkinder in der Familie, ist auch eine vierteljährliche Entwurmung sinnvoll.

Wussten Sie schon?

Im Durchschnitt scheidet ein Hund pro Tag 1 360 000 Spulwurmeier aus. Bei einer Million Hunde weltweit fallen täglich 1 300 Tonnen Hundekot an. Rechnet man diese Angaben hoch, würde diese Menge Kot theoretisch 15 000 000 000 Spulwurmeier enthalten.
In den USA wurde festgestellt, dass sieben bis dreißig Prozent aller Gärten und Sandkästen mit Spulwurmeiern belastet sind.
Den Hundekot in die Toilette zu spülen ist nicht sicher genug, denn bei der normalen Abwasserreinigung werden die Wurmeier nicht abgetötet.
Infizierte Welpen scheiden etwa ab der dritten Woche Eier aus. Sie können sich über die Muttermilch infizieren.

Hakenwürmer

Der Wurm *Ancylostoma caninum* wird auch als Hakenwurm des Hundes bezeichnet. Er ist gefährlich für Menschen und Katzen. Auch er hat Beißwerkzeuge, mit denen er sich im Darm festhält. Er wechselt bis zu sechs Mal täglich seine Stelle und hinterlässt jedes mal eine blutende Wunde. Bei starkem Befall kann es dadurch zu Blutarmut und Eisenmangel kommen. Glücklicherweise gibt es etliche Mittel, um den Hund von Hakenwürmern zu befreien. Fragen Sie Ihren Tierarzt danach.
Der Hakenwurm der „gemäßigten Breiten“, *Uncinaria stenocephala*, taucht bei Familien- und Ausstellungshunden selten auf. Aber er ist manchmal bei Jagdhundemeuten, Windhunden, die auf Rennbahnen laufen, und bei Hütehunden festzustellen, da diese

Der Spulwurm *Rhabditis*. Er kann sowohl Hunde als auch Menschen befallen.

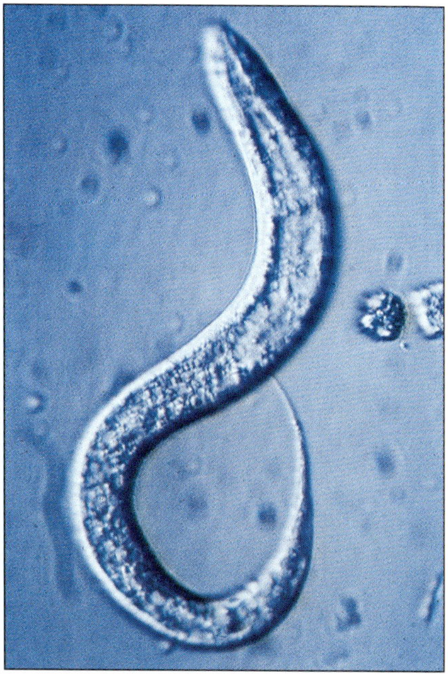

Links: Das infektiöse Stadium einer Hakenwurmlarve.

Rechts: Männlicher und weiblicher Hakenwurm, *Ancylostoma caninum*, infiziert hauptsächlich Hunde, die sich überwiegend im Grasland aufhalten.

Würmer hauptsächlich auf solchen Grasflächen vorkommen, wo sich regelmäßig Hunde aufhalten.

Bandwürmer

Flöhe übertragen die Bandwurmeier auf den Hund! Wenn ein Hund einen Floh verschluckt, beginnt damit der Zyklus des Bandwurms. Menschen können sich so ebenfalls mit dem Bandwurm infizieren!

Während eine Bandwurminfektion beim Hund meist nicht lebensbedrohlich ist, kann sie beim Menschen eine schwere Lebererkrankung auslösen. Etwa jeder zweite Menschen, der von *Echinococcus multicolaris* befallen wird, stirbt an den Folgen der Infektion.

Herzwürmer

Herzwürmer sind dünne Würmer, die bis zu 30 cm lang werden. Sie siedeln sich im Herzen und den umliegenden Hauptblutgefäßen an. Hunde können bis zu 200 solcher Würmer

Wussten Sie schon?

Erlauben Sie Ihrem Hund nie das Schwimmen in verunreinigten Gewässern. Sogar ein auf den ersten Blick klares Wasser kann gefährliche Parasiten beherbergen. Bereiche mit vielen Wasservögeln oder anderen Wildtieren sind besonders gefährlich. In geeigneten Gewässern können Sie Ihrem Hund, wenn er will, schon ab und zu ein Bad gönnen.

Der Kopf eines Bandwurms, der sowohl Menschen, wie auch Hunde befällt.

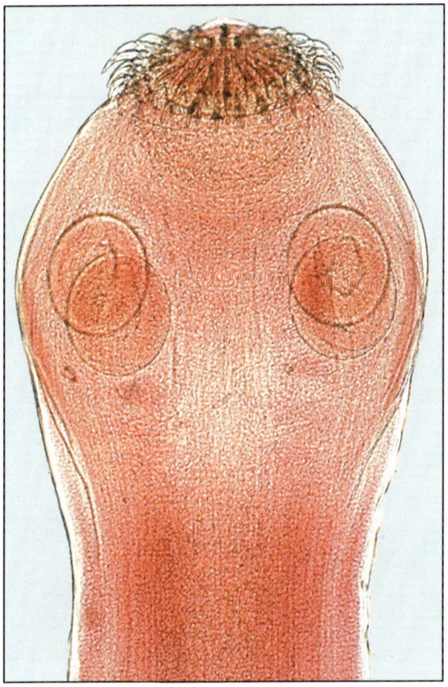

haben. Symptome eines Befalls können Energieverlust, Appetitlosigkeit, Husten, ein aufgetriebener Bauch und Blutarmut sein.

Herzwürmer werden von einer bestimmten Mückenart übertragen, die nicht in Deutschland, wohl aber in verschiedenen Mittelmeerländern heimisch ist. Sticht die Mücke einen infizierten Hund, nimmt sie mit seinem Blut Herzwurmlarven, auch Mikrofilarien genannt, auf. Diese entwickeln sich in im Körper weiter. Sobald sie reif sind, werden sie beim nächsten Stich auf einen anderen Hund übertragen. Zwei bis drei Wochen dauert es, bis die Larven im Körper der Mücke ein ansteckendes Stadium erreicht haben. Reisen Sie mit Ihrem Hund häufiger in betroffene Gebiete, sollte Ihr Hund mit sechs Wochen und dann alle sechs Monate prophylaktisch behandelt werden.

Blutuntersuchungen alleine geben bei einem Krankheitsverdacht kein zuverlässiges Bild darüber, wie stark der Hund infiziert ist. Es handelt sich um eine sehr gefährliche Erkrankung! In Amerika, Australien und Zentraleuropa können Hunde von Herzwürmern befallen werden.

Bandwürmer

Menschen, Ratten, Eichhörnchen, Füchse, Kojoten, Wölfe und alle Hunde können von Bandwürmern befallen werden. Außer bei Menschen ist ein Bandwurmbefall meist nichts Ernstes.

Infizierte Tiere können tausende Würmer in sich haben. Ein einzelner Bandwurm trägt männliche und weibliche Geschlechtsanlagen in sich – sie sind Zwitter. Viele andere Würmer haben nur ein Geschlecht. Frisst ein Hund eine infizierte Ratte oder Maus, bekommt er Bandwürmer. Nach einem Monat beginnt der Wurm Eier auszuscheiden. Diese sind sofort ansteckend.

Diese Eier können mehrere Monate ohne Wirt existieren.

Spul-, Peitschen- und Bandwürmer sind nur einige der Wurmarten, die Hunde befallen.

Lassen Sie Ihren Hund deshalb nicht alleine streunen und entwurmen Sie ihn regelmäßig.

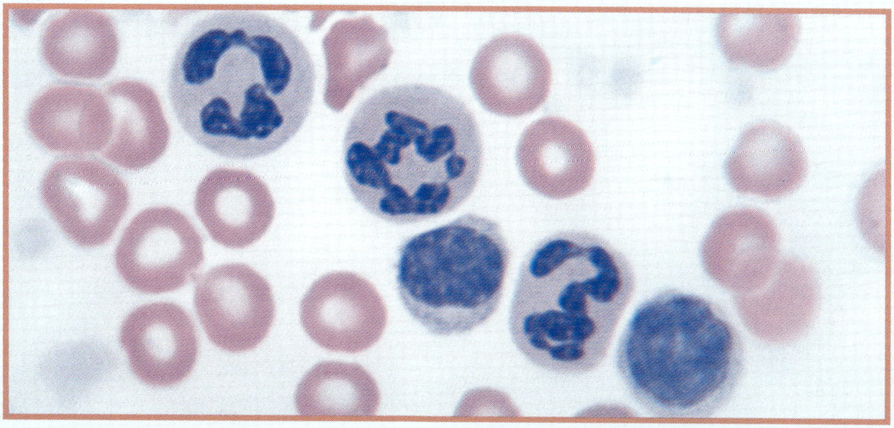

Vergrößerte Herzwurmlarve, *Dirofilaria immitis*.

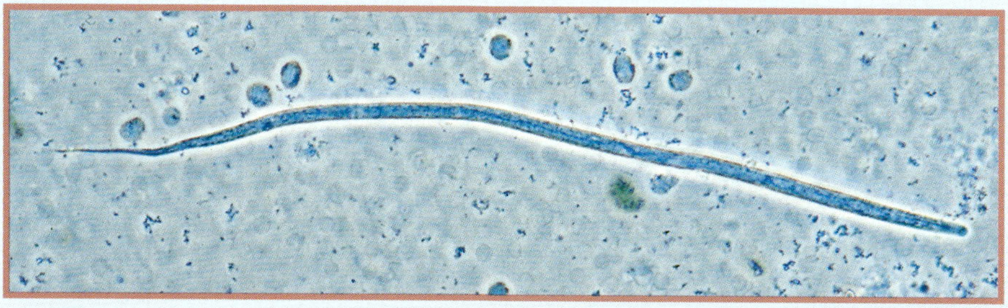

Der Herzwurm *Dirofilaria immitis*.

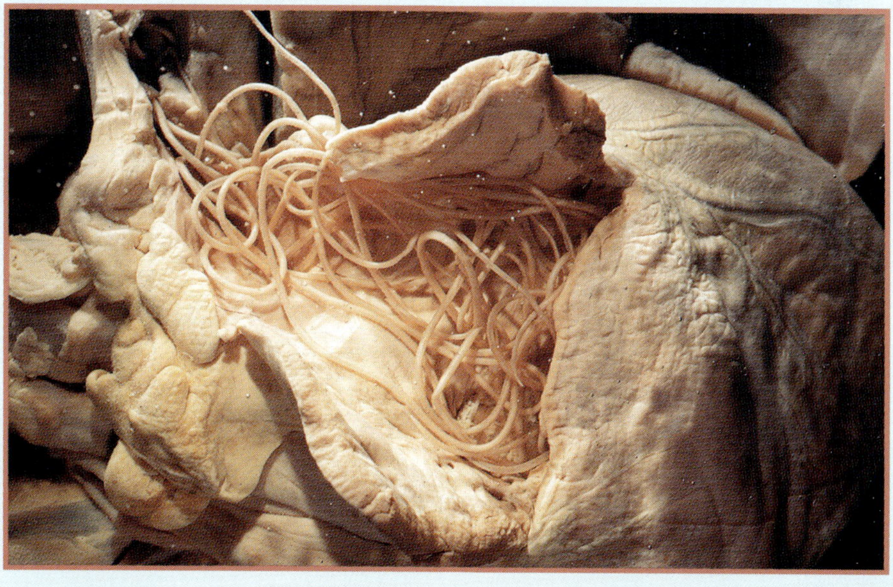

Das Herz eines mit *Dirofilaria immitis* infizierten Hundes .

Hömöopathische Mittel für Ihren Hund

Symptom/Krankheit	Mögliches Mittel
Allergien	Apis Mellifica D30, Astacus Fluviatilis D6, Pulsatilla D30, Urtica Urens D6
Haarausfall	Alumina D30, Lycopodium D30, Sepia D30, Thallium D6
Verstopfte Analdrüsen	Hepar Sulfuris Calcareum D30, Sanicula D6, Silicea D6
Arthritis	Rhus Toxicodendron D6, Bryonia Alba D6
Katarakt	Calcarea Carbonica D6, Conium Maculatum D6, Phosphorus D30, Silicea D30
Verstopfung	Alumina D6, Carbo Vegetabilis D30, Graphites D6, Nitricum Acidum D30c, Silicea D6
Husten	Aconitum Napellus D6, Belladonna D30, Hyoscyamus Niger D30, Phosphorus D30
Durchfall	Arsenicum Album D30, Aconitum Napellus D6, Chamomilla D30, Mercurius Corrosivus D30
Trockenauge	Zincum Metallicum D30
Ohrenprobleme	Aconitum Napellus D30, Belladonna D30, Hepar Sulphuris D30, Tellurium D30, Psorinum D200
Augenprobleme	Borax D6, Aconitum Napellus D30, Graphites D6, Staphysagria D6, Thuja Occidentalis D30
Glaukom	Aconitum Napellus D30, Apis Mellifica D6, Phosphorus D30
Hitzschlag	Belladonna D30, Gelsemium Sempervirens D30, Sulphur D30
Schluckauf	Cinchona Deficinalis D6
Hüftgelenks-dysplasie	Colocynthis D6, Rhus Toxicodendron D6, Bryonia Alba D6
Inkontinenz	Argentum Nitricum D6, Causticum D30, Conium Maculatum D30, Pulsatilla D30, Sepia D30, Cantharis D30
Insektenstiche	Apis Mellifica D30, Cantharis D30, Hypericum Perforatum D6, Urtica Urens D30
Juckreiz	Alumina D30, Arsenicum Album D30, Carbo Vegetabilis D30, Hypericum Perforatum D6, Mezerium D6, Sulphur D30
Zwingerhusten	Drosera D6, Ipecacuanha D30
Gesäuge-entzündung	Apis Mellifica D30, Belladonna D30, Urtica Urens 1m
Kniescheiben-verrenkung	Gelsemium Sempervirens D6, Rhus Toxicodendron D6
Penisprobleme	Aconitum Napellus D30, Hepar Sulphuris Calcareum D30, Pulsatilla D30, Thuja Occidentalis D6
Zahnen	Calcarea Carbonica D6, Chamomilla D6 Phytolacca D6
Reisekrankheit	Cocculus D6, Petroleum D6, Nux vomica D6

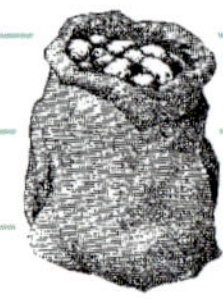

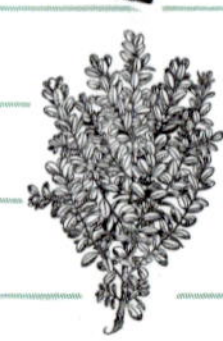

Wenn Ihr Alaskan Malamute alt wird

Der Begriff „alt“ ist relativ, beim Hund ebenso wie beim Menschen. Sicherlich können wir einen Malamute-Welpen von einem ausgewachsenen Alaskan Malamute unterscheiden. Es gibt offensichtliche Unterschiede in der Größe, dem Erscheinungsbild und dem Gesichtsausdruck. Böse Welpen gibt es sehr selten. Welpen und Junghunde lieben es, mit Kindern zu spielen. Der natürliche Überschwang von Kindern ist für die scheinbar unerschöpfliche Energie junger Hunde genau das Richtige. Sie lieben es zu rennen, zu springen, sich zu jagen und Gegenstände zu apportieren. Wenn Hunde heranwachsen und ihr Interesse am Spiel mit Kindern nachlässt, wird das oft so gesehen, dass der Hund dafür nun zu alt sei.

Auf der anderen Seite wird das Leben eines Alaskan Malamute an der Seite eines älteren Menschen von Natur aus weniger aktiv verlaufen, so dass man das Altern nicht an der nachlassenden Aktivität des Hundes erkennt. Einer Lebenserwartung von hundert Jahren beim Mensch entsprechen etwa zwanzig Jahre beim Hund. Das ist zwar eine gute Faustregel, aber sie gilt nicht für alle Hunde. Zwölf Jahre beim Alaskan Malamute sind im Vergleich zu manch anderen Rassen, die vielleicht nur acht oder neun Jahre alt werden, sehr viel. Es gab auch schon Malamutes, die fünfzehn Jahre und älter wurden. Im allgemeinen sind Hunde mit spätestens drei Jahren ausgewachsen, aber sie werden schon wesentlich früher geschlechtsreif. Die ersten drei Hundejahre entsprechen in etwa dem siebenfachen Alter beim Menschen. Das heißt, ein drei Jahre alter Hund ist in seiner Entwicklung mit einem 21-jährigen Menschen vergleichbar. Wie die Grafik auf der nächsten Seite zeigt, gibt es keine feste Regel für die Umrechnung vom Hunde- auf das Menschenalter. Der Vergleich ist sogar sehr schwierig, da nicht alle Menschen gleich schnell altern und Frauen allgemein älter werden als Männer.

Der alternde Hund

Ein Hund ist nicht von einem Tag auf den anderen alt. Erste Gedanken über sein Älterwerden machen Sie sich wahrscheinlich, weil Ihr Hund insgesamt ruhiger wird. Das betrifft Ihre gemeinsamen Spaziergänge genauso wie das Toben. Andere Bedürfnisse hingegen nehmen zu, wie das Schlafbedürfnis. Das Hörvermögen lässt nach, der Hund sieht schlechter und hat vielleicht ein wenig Probleme, wenn er aufsteht.

Worauf Sie beim alternden Hund achten sollten

Die meisten Tierärzte und Verhaltensforscher sehen einen Hund ab dem siebten Lebensjahr als „Senior" an. Das besagt nicht, dass der Hund nun altersschwach wird oder körperlich und geistig zu verfallen beginnt. Das Altern ist ein langsamer Prozess. Menschen gestehen oft ein, dass sie eine Veränderung ihrer Aktivität zwischen zwanzig und dreißig und dann zwischen dreißig und vierzig bemerken. Dadurch, dass der Hund ab sieben als Senior gilt, können Hundebesitzer in Absprache mit ihrem Tierarzt bestimmte therapeutische und vorbeugende medizinische Maßnahmen ergreifen. Ein Programm für ältere Hunde sollte mindestens zwei Tierarztbesuche pro Jahr, Ultaschalluntersuchungen zur Beurteilung des Gesundheitszustandes, sowie Ernährungsberatungen enthalten. Tierärzte kontrollieren den Gesundheitszustand auch durch Blut- und Urinuntersuchungen, Blutdruckmessungen, EKG, Augendruckbestimmungen und zahnärztliche Vorsorgemaßnahmen.

Diese umfassenden Möglichkeiten für ältere Hunde sollte man nützen, bevor die Anzeichen des Alterns wie langsamere Bewegungen, Ergrauen, wachsendes Schlaf- und Ruhebedürfnis und Desinteresse an Spielen und anderen Aktivitäten offensichtlich werden. Vorsorgeprogramme versprechen ein längeres, gesünderes Leben für den alternden Hund. Dabei sind die häufigsten Probleme alternder Hunde Einschränkungen des Hör-

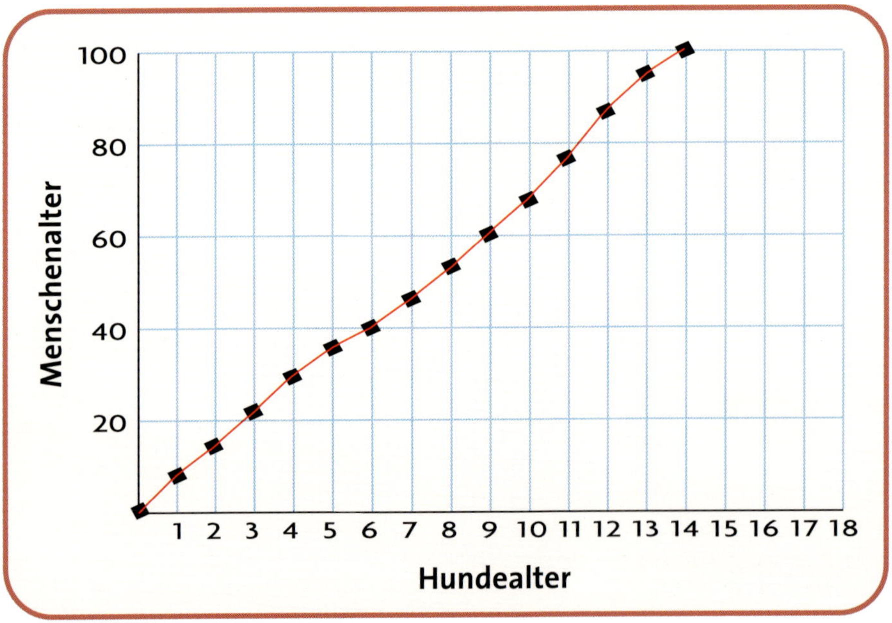

Charakteristische Merkmale des altersschwachen Hundes

Symptome:

Es gibt viele Möglichkeiten, die Veränderungen eines alternden Hundes zu bestimmen. Tierärzte haben die allmähliche Verschlechterung verschiedener Fähigkeiten unter dem Begriff „CDS“ (Cognitive Dysfunction Syndrom = „Bewusstseinseinschränkendes Syndrom“) zusammengefasst. Wenn der Hund seine normalen Gewohnheiten verändert und eine organische Erkrankung ausgeschlossen wurde, dann sind diese Dinge altersbedingte Veränderungen. Mehr als die Hälfte aller Hunde, die älter als acht Jahre sind, leiden an diesen Symptomen. Je älter der Hund wird, um so häufiger treten diese Symptome auf.

Vier Anzeichen sind für CDS charakteristisch:

- häufige Zwischenfälle mit der Stubenreinheit
- mehr Schlaf als normal
- Verwirrtheit
- Desinteresse an sozialen Annäherungen

Häufige Probleme mit der Stubenreinheit

- Urinieren im Haus
- Absetzen von Kot im Haus
- Zeigt nicht an, wenn er hinaus muss

Schlafgewohnheiten

- Bewegt sich sehr langsam
- Schläft am Tag mehr als normal
- Schläft nachts weniger als normal
- Geht ziel- und lustlos umher

Verwirrung

- Geht hinaus und bleibt stehen
- Erscheint verwirrt, abwesender Blick
- Verkriecht sich oft
- Erkennt Freunde nicht
- Kommt nicht, wenn er gerufen wird

Reagiert nicht auf soziale Kontakte

- Nimmt weniger Kontakt zu Menschen auf, egal ob er gerufen wird oder nicht
- Mag nur kurze zeit gestreichelt werden
- Kommt zur Begrüßung nicht an die Tür, wenn man nach Hause kommt.

und Sehvermögens, Arthritis, Nieren- und Leberschwäche, Alterszucker, Herzschwäche und das Cushing Syndrom (eine hormonelle Erkrankung). Es verändern sich aber nicht nur die körperlichen Fähigkeiten, auch Verhaltensänderungen und -probleme können bei alternden Hunden auftreten. Hunde, die schlecht hören und sehen, Zahnschmerzen oder Arthritis haben, können aggressiv werden. Schwerhörige oder erblindete Hunde erschrecken leichter und können dadurch unerwartet aggressiv reagieren. Alte, senile Hunde können ungeduldiger und reizbarer werden. Es kann auch zu Problemen mit der Stubenreinheit kommen. Sie gehen meist einher mit nachlassender Beweglichkeit, Nierenproblemen, eingeschränkter Funktion des Schließmuskels sowie mit physiologischen Veränderungen des Gehirns und Reaktionen auf bestimmte Medikamente. Alte Hunde leiden, ähnlich wie Welpen, unter Trennungsangst. Das kann zur Folge haben, dass der Hund anhaltend bellt und winselt, ins Haus macht oder Dinge zerstört.

Alte Hunde können auch gegenüber alltäglichen Geräuschen wie Staubsauger, Donner oder vorbeifahrenden Autos ängstlich werden. Manche Hunde leiden unter Schlafproblemen, müssen häufig hinaus und Ähnliches. Hundebesitzer sollten Ihren älteren Hund nicht mit zu vielen fetthaltigen Extrahäppchen verwöhnen. Übergewicht kommt bei alten Hunden häufig vor und kostet sie einige Jahre ihres Lebens. Halten Sie Ihren Senior so schlank wie möglich, da zu viel Gewicht eine zusätzliche Belastung für den Körper und seine Funktionen darstellt. Empfehlenswert ist eine kalorienarme Diät mit einem erhöhten Anteil an Ballaststoffen und Kohlehydraten. Frisches Gemüse oder etwas Fleischbrühe zum Futter ergeben eine schmackhafte Mahlzeit mit wenig Kalorien und wenig Fett. Im Fachhandel und beim Tierarzt gibt es außerdem spezielles Futter für ältere Hunde.

Kommt der Hund in die Jahre, braucht er mehr denn je gute Pflege und die Geduld seines Menschen. Bestrafen Sie einen älteren Hund nicht für Probleme mit der Stubenreinheit oder verändertes Verhalten. Nach all den Jahren, in denen er Ihnen Zuneigung

Wussten Sie schon?

Wird ein Hund alt, zeigt er ein oder mehrere der folgenden Anzeichen.

- Das Fell im Gesicht und an den Pfoten beginnt grau zu werden. Dieses Ergrauen beginnt meist im Bereich der Schnauze und der Augen.
- Die Schlafphasen dauern länger, und der alte Hund ist nicht mehr so leicht zu wecken.
- Er frisst weniger.
- Rufen, Pfeifen und andere Signale werden zunehmend ignoriert.
- Der Blickkontakt löst kein Schwanzwedeln mehr aus (vorausgesetzt, es war vorher so).

sorgen, dass der Übergang in seine goldenen Jahre für ihn so angenehm wie möglich wird.

Nach all den Jahren, die Ihnen Ihr Malamute als treuer Begleiter geschenkt hat, hat er es verdient, dass Sie in seinen goldenen Jahren besonders für ihn sorgen.

Wenn die Zeit kommt

Es ist wohl niemand wirklich darauf vorbereitet, rein vernunftmäßig über das Einschläfern des Hundes zu entscheiden. Es ist vollkommen klar, dass Sie Ihren Alaskan Malamute lieben, sonst würden Sie dieses Buch nicht lesen. Einen geliebten Hund einzu-

Wussten Sie schon?

Die unten aufgelisteten Symptome tauchen allmählich auf und verstärken sich mit der Zeit. Sie sind zwar nicht lebensbedrohlich, sollten aber dennoch sehr ernst genommen werden. Setzen Sie sich deshalb baldmöglichst mit dem Tierarzt in Verbindung.

- Ihr Hund winselt und jault, wenn er sich bewegt, und vermeidet jede Bewegung.
- Krampfanfälle beginnen oder werden heftiger und häufiger. Bei einem Krampfanfall wird der Hund steif, beginnt zu zittern und kann sich nicht mehr bewegen. Eine solche Attacke kann zwischen fünf und dreißig Minuten dauern.
- Ihr Hund trinkt mehr Wasser und uriniert häufig. Darm und Blase entleeren sich gelegentlich im Haus ohne Vorwarnung.
- Der Hund erbricht sich immer häufiger.

und Schutz gegeben hat und ein guter Begleiter war, hat er sich nun Ihre spezielle Aufmerksamkeit und Respekt verdient. Es kann durchaus sein, dass ein älterer Hund nachts um drei hinaus muss, weil er es nicht mehr acht Stunden lang aushält. Ältere Hunde können und wollen auch nicht mehr länger als zwei oder drei Stunden in ihrer Box verbringen. Vielleicht überlassen Sie ihm einen Teil Ihres Sofas oder einen Sessel. Auch wenn Ihr Hund älter wird, schätzt er die Aufmerksamkeit, die Sie ihm widmen, obwohl es vielleicht manchmal so aussieht, als würde er sich über Ihre Zuwendung und Streicheleinheiten nicht mehr so freuen.

Ihr Alaskan Malamute kann nicht verstehen, warum sich seine Welt verlangsamt. Deshalb sollten Sie dafür

schläfern ist unsagbar schwer. Diese Entscheidung sollten Sie gemeinsam mit dem Tierarzt treffen. Unumgänglich wird diese Entscheidung dann, wenn eines der oben angeführten lebensbedrohlichen Symptome so ernst wird, dass Sie den Tierarzt konsultieren müssen.
Geht die Prognose des Tierarztes dahin, dass das Ende nah ist und Ihr geliebter Hund nur noch leiden und ohne Lebensfreude sein wird, dann ist das Einschläfern die richtige Entscheidung.

Was geschieht beim Einschläfern?

Der Fachbegriff für Einschläfern ist Euthanasie. Dieser Begriff kommt aus dem Griechischen und bedeutet so viel wie „schöner Tod" im Sinne von „Erlösung von Leiden". Einschläfern heißt also geplantes, schmerzfreies Töten eines Hundes, der an einer unheilbaren Krankheit leidet oder schon so alt ist, dass er nicht mehr laufen, sehen oder fressen kann, vielleicht hat er auch seine Ausscheidungen nicht mehr unter Kontrolle. Beim Einschläfern wird dem Hund normalerweise eine Überdosis eines Narkotikums oder eines starken Schlafmittels injiziert. Abgesehen vom Einstich der Nadel merkt der Hund dabei nichts.

Die Entscheidung

Die Tage zwischen dem Ausbruch der Krankheit und dem Tod Ihres Hundes können für Sie äußerst belastend sein. Vielen Menschen, die dadurch zum ersten Mal mit dem Tod konfrontiert werden, kann ihr religiöser Glaube eine Hilfe sein. Falls Sie Kinder haben, sollten Sie sie in die Entscheidung, Ihren Malamute einschläfern zu lassen, einbinden. Um Ihnen etwas Zeit für diese schwere Entscheidung zu geben, kann der Tierarzt dem Hund einige Tage das Leben mit starken Medikamenten erleichtern. Doch Sie sollten die Entscheidung dem Hund zuliebe nicht zu lange hinauszögern. Gespräche mit der Familie oder mit Menschen, die schon einmal in der gleichen Situation waren, erleichtern Ihnen vielleicht die Last dieser unvermeidlichen Entscheidung. In jedem Fall ist das Einschläfern für die gesamte Familie sehr schmerzlich und belastend. Und leider ist damit noch nicht alles vorbei.

Das Einschläfern

Muss Ihr Hund eingeschläfert werden, sollten Sie Ihren Tierarzt fragen, ob er eventuell zu Ihnen nach Hause kommen kann. So ersparen Sie dem Hund den Stress des Tierarztbesuchs und sind bei diesem letzten schweren Schritt gemeinsam in vertrauter Umgebung.

Die letzte Ruhestätte

Falls Sie Ihren Hund nicht zur Beseitigung beim Tierarzt lassen möchten, gibt es andere Möglichkeiten. Sie können ihn unter bestimmten Bedingungen auch in Ihrem Garten begraben. Erkundigen Sie sich vorher jedoch nach den Vorschriften Ihrer Stadt oder Gemeinde. Vielleicht gestalten Sie sein Grab mit einigen Steinen oder einem frischgepflanztem Baum oder Strauch. Inzwischen gibt es auch in Deutschland die Möglichkeit, den Hund einäschern zu lassen oder ihn auf einem Tierfriedhof zu bestatten. Alle Möglichkeiten sollten offen mit dem Tierarzt und in der Familie besprochen werden. Ihr Tierarzt kann Ihnen auch sagen, wohin Sie sich wenden können, wenn Sie einen Tierfriedhof oder ein Tierkrematorium suchen. Scheuen Sie sich nicht, nach den Kosten zu fragen. Hunde können einzeln verbrannt werden, billiger ist es, wenn mehrere Tiere miteinander eingeäschert werden. Dann bekommen Sie allerdings nicht „seine“ Asche.

Ein neuer Hund?

Die Trauer über den Verlust Ihres geliebten Hundes kann ebenso lange anhalten wie die über den Verlust eines Angehörigen. Aber es gibt einen bedeutenden Unterschied: Sie können sich keinen neuen Großvater kaufen, aber einen neuen Alaskan Malamute. In den meisten Fällen ist ein Hund, der in einem hohen Alter gestorben ist, nach und nach deutlich ruhiger geworden. Möchten Sie nun einen neuen Malamute-Welpen? Oder wäre ein erwachsener Alaskan Malamute von zwei bis drei Jahren besser, der schon stubenrein und erzogen ist? Diese Entscheidung sollte sorgfältig durchdacht werden.

Wollen Sie überhaupt wieder einen Malamute oder vielleicht eine ganz andere Rasse, um zu vermeiden, dass der neue Hund immer mit dem alten verglichen wird? Die meisten Leute entscheiden sich wieder für die gleiche Rasse, weil sie deren Eigenschaften kennen und lieben. Oft kennen Sie auch andere Leute, die die gleiche Rasse halten, und vielleicht haben Sie das Glück, einen verantwortungsvollen Züchter zu kennen, der in Kürze einen Wurf erwartet. Was könnte besser sein?

Grabstellen gibt es auf fast jedem Tierfriedhof. Die Besitzer besuchen das Grab meist regelmäßig und stellen am Geburtstag des Hundes und an anderen besonderen Tagen oft Blumen dorthin.

Auf manchen Tierfriedhöfen gibt es spezielle Wände, in die man die Urne stellen kann.

Der Alaskan Malamute auf Ausstellungen

Wenn Sie einen Welpen kaufen, sollten Sie Ihrem Züchter sagen, ob Sie einen reinen Familienhund möchten oder ob Sie hoffen, eines Tages mit ihm auf Zuchtschauen oder zum Sport gehen zu können. Kein verantwortungsvoller Züchter kann Ihnen garantieren, dass aus Ihrem Welpen ganz sicher ein Champion auf Ausstellungen oder beim Sport wird. Es kann vieles während der ersten Wochen und Monate in der Entwicklung des Welpen geschehen. Falls Sie planen, Ihren Hund auszustellen, sollten Sie jedoch einen Welpen mit „Show-Potential" erwerben.

Für den Laien mag das Ausstellen eines Alaskan Malamute im Ring einfach aussehen. Aber es ist viel harte Arbeit und Engagement nötig, um eine hochangesehene Zuchtschau wie die Cruft`s Dog Show in Großbritannien zu gewinnen. Natürlich gehört auch ein wenig Glück dazu!

Wussten Sie schon?

Die Idee der Hundeausstellungen stammt aus der zweiten Hälfte des neunzehnten Jahrhunderts und kommt aus England. Eine der größten und bekanntesten Hunde-Shows ist die jährlich in England stattfindende Cruft`s Dog Show.

Das erste, was einem Neuling auf Zuchtschauen auffällt ist, dass jeder Hund zuerst gegen Artgenossen der eigenen Rasse und Gruppe antritt. Haben die Richter schließlich den Besten jeder Rasse ermittelt, treten die Rassebesten einer jeden Gruppe gegeneinander an. Am Ende konkurrieren dann die Sieger der jeweiligen Gruppen miteinander. Der Sieger davon ist dann der „Best in Show" (BIS). Auf internationalen Ausstellungen des VDH in Deutschland werden auch die Zweit- bis Viertplatzierten ermittelt.

Als nächstes muss man sehen, dass die Hunde nicht direkt miteinander verglichen werden. Der Richter prüft bei jedem Einzelnen, wie nahe er dem Rassestandard kommt. Der Rassestandard beschreibt, wie der ideale Vertreter einer Rasse aussehen sollte. Einige frühe Rassestandards basieren in der Tat auf der Erscheinung ganz bestimmter Hunde, die sehr berühmt waren. Dennoch sind viele Züchter der Meinung, dass der perfekte Hund nie gezüchtet wurde. Somit stand der „perfekte" Hund niemals in einem Ausstellungsring und existiert, zum Leidwesen aber auch Ansporn der Züchter, nirgends auf der ganzen Welt. Obwohl der „perfekte" Hund eine Illusion bleibt, sollten die Züchter mit jedem Wurf versuchen, dem Ideal so nahe wie möglich zu kommen. Sollte der perfekte Hund jemals geboren werden, würden

Züchter und Richter niemals zugestehen, dass er tatsächlich perfekt ist. Wenn Sie an Hundeschauen interessiert sind, ist es das Beste, wenn Sie sich Ihrem Rassehundverband anschließen. Die Clubs veranstalten sowohl Spezialzuchtschauen, als auch Sonderschauen auf großen internationalen Shows. Alle sind auch dann interessant, wenn man nur als Zuschauer dabei ist. Es gibt Clubzeitungen, Trainigsseminare und Ausbildungskurse, damit die Hundebesitzer mehr über ihre Rasse erfahren. Wo der nächste für Sie geeignete Verband ist, erfahren Sie beim Verband für das deutsche Hundewesen e.V. (VDH). Der VDH ist der deutsche Dachverband der international anerkannten deutschen Rassehundverbände. Unter seiner Leitung werden auch verschiedene Aktivitäten wie Agility Wettkämpfe angeboten. Der VDH setzt die Bestimmungen für die Durchführung verschiedener Veranstaltungen fest. Bei Zuchtschauen, für die Eintragung der Hunde ins Zuchtbuch, für Prüfungen und andere organisatorische Aufgaben. Die bedeutendsten Zuchtschauen, die der VDH jährlich ausrichtet, sind die Europasieger- und die Bundessiegerzuchtschau. Hier werden die Titel „Bundessieger", sowie „Bundesjugendsieger" und „Europasieger" und „Europajugendsieger" verliehen. Zum Vergleich ein Blick nach England: Hier ist die weltweit bekannte Cruft´s Dog Show das Ereignis schlechthin. Nicht weniger als 20 000 der besten Hunde Großbritanniens treten hier an. Für diesen Wettbewerb kann man sich nicht einfach so anmelden, nein, die Teilnehmer müssen sich erst dafür qualifizieren. Auch bei uns gibt es verschiedene Titel zu gewinnen, darunter „Internationaler Champion" und „Nationaler Champion". Für beide sind einige Anwartschaften auf verschiedenen Zuchtschauen von verschiedenen Richtern nötig. Bei den Gebrauchs- und

Auf einer Ausstellung wird jeder Alaskan Malamute mit dem Rassestandard verglichen. Der Hund, der ihm am nächsten kommt, wird Rassenbester, "Best of Breed".

Der Weg zum Champion

Um einen Championtitel zu gewinnen, muß ein Hund auf verschiedenen Ausstellungen eine bestimmte Anzahl von Anwartschaften in einer bestimmten Zeit erringen. Das kostet Zeit und Geld. Es sind Meldegebühren zu bezahlen, und die Ausstellungen sind meist nicht in Ihrer Nähe. Auch muss der Hund intensiv vorbereitet werden und in optimaler Kondition sein. Vier wichtige Elemente führen letztlich zum Erfolg: ein gut gezüchteter Hund, gutes Vorführen, gutes Training und viel Glück!

Jagdhunden sind für den Titel „Internationaler Champion" auch noch bestimmte Arbeitsprüfungen notwendig. Die großen internationalen Zuchtschauen unter der Leitung des VDH stehen allen Hunderassen offen. Die gemeldeten Hunde müssen jedoch aus einer FCI-anerkannten Zucht stammen. Ob ein Hund aus einer solchen Zucht stammt, sieht man daran, dass auf seiner Ahnentafel neben der Abkürzung des Rassezuchtverbandes die Abkürzungen FCI für Fédération Cynologique International, sowie die Abkürzung VDH oder die des entsprechenden ausländischen Dachverbandes zu finden ist.

Die Richter werden auf diesen Zuchtschauen vom VDH gestellt, es sei denn, ein Rassezuchtverein übernimmt die Organisation seines Rings selbst, was dann „Sonderschau" genannt wird. Da sich der jeweilige Verein auch selbst um einen Richter bemüht, sind so meist Spezialrichter für die jeweilige Rasse anwesend.

Weitere Arten von Zuchtschauen sind Clubschauen und Spezialzuchtschauen. Diese Zuchtschauen sind immer auf die betreuten Rassen eines Zuchtverbandes beschränkt. Auf den einmal jährlich stattfindenden Clubschauen wird der „Clubsieger", also der beste Hund des Zuchtvereins ermittelt. Die

Wichtige Adressen

Informationen über den Alaskan Malamute, Prüfungen und Ausstellungen erhalten Sie bei folgenden Adressen:

Fédération Cynologique Internationale
14, rue Leopold II
B-6530 Thuin, Belgium
www. fci.de

Verband für das
Deutsche Hundewesen e.V.
Westfalendamm 174
44141 Dortmund
www.vdh.de

Deutscher Club für Nordische Hunde e. V.
Am Flinthörn 20
26842 Ostrhauderfehn

Canadian Kennel Club
89 Skyway Ave., Suite 100, Etobicoke
OntarioM9W 6R4
Canada
www.ckc.ca

Ausstellen ist harte Arbeit für Hund und Besitzer. Der Malamute muss dafür trainiert werden, gut gepflegt und in einem Top-Zustand sein. Dieser geduldige Bursche bekommt gerade den letzten Schliff, bevor er in den Ring muss. In Deutschland sind solche Tische mit Galgen allerdings verboten.

Diese Endausscheidung der Arbeitshunde gewann der Alaskan Malamute (links), der Siberian Husky (rechts) wurde Zweiter.

Spezialzuchtschauen werden von den Landesgruppen ausgerichtet.
Auf Zuchtschauen werden die Hunde in verschiedene Klassen eingeteilt. Diese richten sich einerseits nach dem Alter, sowie auch nach bestandenen Arbeitsprüfungen oder nach bereits errungenen Titeln.
Wer noch nie ausgestellt hat, sollte entweder zuerst an einer Pfostenschau oder an einem speziellen Ringtraining teilnehmen. Da es letztlich um nichts geht, braucht man nicht nervös zu sein. Man lernt, wie man seinen Hund vorführen muss, und bekommt so manche gute Tipps von „alten Hasen". Als erste offizielle Ausstellung sind kleinere Schauen, wie Spezialzuchtschauen, oft besser geeig-

Die Rasseneinteilung der FCI

Die FCI-anerkannten Rassen werden in zehn Gruppen eingeteilt.

Gruppe 1: Hüte- und Treibhunde
Gruppe 2: Pinscher und Schnauzer, Molosser, Schweizer Sennenhunde
Gruppe 3: Terrier
Gruppe 4: Dachshunde
Gruppe 5: Spitze und Hunde vom Urtyp
Gruppe 6: Lauf- u. Schweißhunde
Gruppe 7: Vorstehhunde
Gruppe 8: Apportier-, Stöber- u. Wasserhunde
Gruppe 9: Gesellschafts- u. Begleithunde
Gruppe 10: Windhunde

Der Ausstellungsrichter wird auch das Gebiss Ihres Malamutes beurteilen. Gewöhnen Sie Ihren Malamute an diese Prozedur, in dem Sie regelmaßig mit ihm üben.

net als die großen internationalen. So können Sie sich und Ihren Hund langsam an den dort herrschenden Rummel gewöhnen. Nehmen Sie sich etwas Bequemes zum Sitzen und ausreichend Proviant für sich und Futter und Wasser für den Hund mit. Ausstellungen dauern den ganzen Tag, und selbst wenn man gleich morgens an der Reihe ist, muss man bis zum Ende der Ausstellung dableiben und bekommt erst dann Urkunde und Richterbericht, sowie vielleicht einen der begehrten Pokale.

Bevor Sie in den Ring gehen, beobachten Sie die Aussteller, die vor Ihnen dran sind, und verfolgen Sie, was im Ring abläuft. Seien Sie beim ersten Mal

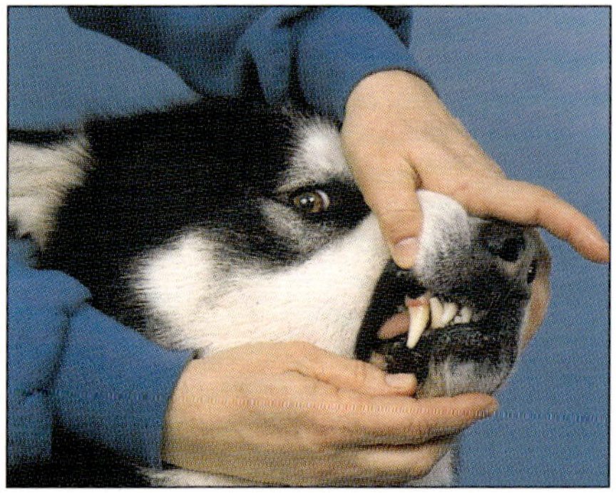

nicht übermäßig nervös. Normalerweise müssen sich die Konkurrenten der Meldenummer nach aufstellen. Stellen Sie Ihren Hund so hin, dass er am vorteilhaftesten aussieht. Zuerst wird der Richter die Hunde aus einiger Entfernung und aus verschiedenen Blickwinkeln betrachten. Dann wird er sie einzeln aus der Nähe in Augenschein nehmen, um ihr Gebiss, den Ausdruck, den Körperbau und die Muskulatur zu prüfen. So verschafft er sich schon einen ersten Eindruck, inwieweit der Hund dem Rassestandard entspricht. Eines der wichtigsten Kriterien ist das Gangwerk des Hundes. Wenn der Richter Sie auffordert, mit dem Hund zu laufen, sollte er an lockerer Leine an Ihrer Seite traben. Achten Sie auf die Anweisungen des Richters und richten Sie sich danach! Bevor sich der Richter dann dem nächsten Hund zuwendet, wird er sich Ihren abschließend noch einmal genau anschauen.

Lassen Sie sich nicht entmutigen, wenn Sie auf Ihrer ersten Ausstellung nicht unter den Bestplazierten sind.

Klasseneinteilung

Auf Zuchtschauen werden die Hunde in verschiedenen Klassen gemeldet. In welche Klasse Ihr Hund gehört, hängt von seinem Alter, bereits errungenen Titeln und abgelegten Leistungsprüfungen ab. Es gibt die Jüngstenklasse (sechs bis neun Monate), die Jugendklasse (neun bis achtzehn Monate), die Offene Klasse (ab zwölf Monate), Paarklassen oder Zuchtgruppenwettbewerb. Je nachdem, wozu Ihr Hund gehört, füllen Sie das Meldeformular entsprechend aus. Melden Sie den Hund rechtzeitig an. Meldeschluss ist meist mehrere Wochen vor der Ausstellung. Meldeformulare bekommen Sie von der Zuchtschauleitung oder von Ihrem Zuchtverband.

Haben Sie Geduld und üben Sie beständig weiter, dann stehen Sie vielleicht auch einmal auf der Liste der Gewinner. Bedenken Sie, dass auch die Sieger einst so angefangen haben wie Sie. Auch weil sie sehr viel Zeit und Geld investiert haben, haben sie ihre Erfolge errungen.
Falls Ihr Malamute jedoch immer zu den Verlierern gehört und nie eine gute Bewertung bekommt, sollten Sie überlegen, ob nicht eine andere Art der Ausbildung für Ihren Hund besser geeignet ist. Oder Sie genießen ihn einfach als reinen Familienhund.

Schlittenhundesport

Fast alle Hunde möchten eine Aufgabe haben und gefordert werden. Die Nordischen Schlittenhunde, zu denen der Alaskan Malamute gehört, sind ein Paradebeispiel dafür. Sie tragen eine ausgeprägte Leistungsbereitschaft und Arbeitswillen in sich. Das Ziehen von Schlitten oder Tragen von Lasten sollte die erste Wahl bei der Entscheidung für eine rassegerechte Beschäftigung sein.
Wer einmal Schlittenhunde in Aktion beobachtet hat, wird überwältigt davon sein, mit welcher überschäumenden Freude die Hunde bei der Sache sind. Und das geht auch schon mit einem, zwei oder drei Hunden. Diese werden vor einen kleinen Schlitten, die sogenannte Pulka gespannt, der „Musher" begleitet sie auf Langlaufskiern. Die größeren Gespanne werden in verschiedene Klassen eingeteilt, je nach der Anzahl der angespannten Hunde.

Damit der Richter das Gangwerk beurteilen kann, muss der Malamute bewegt werden. Der Gang des Malamute ist idealerweise unermüdlich, rhythmisch und mit viel Schub.

Perfektes Präsentieren

Wie überall gibt es auch beim Vorführen gewisse Dinge, die man nur durch Erfahrung lernen kann.
Als Neuling kann es ganz schön einschüchternd wirken, wenn es so aussieht, als wüßte jeder außer einem selbst, was wie zu tun ist.
Sie können sich aber mit den Gepflogenheiten im Ring vertraut machen, wenn Sie vor einer Ausstellung an einem Ringtraining teilnehmen, oder sich von einem erfahrenen Aussteller Tipps geben lassen. Im Ring sollten Sie aufmerksam auf den Richter hören und seine Anweisungen befolgen. Denken Sie daran, auch die besten Aussteller haben einmal klein angefangen. Nach nicht allzu langer Zeit werden auch Sie ein geübter Aussteller sein.

Die Anmeldung

1. Vergewissern Sie sich, dass Ihr Malamute eine von der FCI anerkannte Ahnentafel hat.
2. Fordern Sie das Meldeformular beim Ausstellungssekretariat an.
3. Überprüfen Sie genau, in welcher Klasse Sie Ihren Hund melden können.
4. Füllen Sie das Formular sorgfältig aus und schicken Sie es rechtzeitig vor Meldeschluss ab und bezahlen Sie die Meldegebühr.

Auch die Länge der Strecken variiert. Für die schneefreie Zeit gibt es verschiedene Trainingswagen, auch schon für einen oder zwei Hunde. Auch am Fahrrad kann der Hund trainiert werden, mit oder ohne Zugtraining. Eine weitere Möglichkeit ist das Joggen. Aber Vorsicht: Bei über fünfzehn Grad ist jegliches Training tabu!

Auch das Tragen von Packtaschen kommt dem Wesen des Malamute sehr entgegen. Im Fachhandel gibt es verschiedene Arten von Packtaschen. Achten Sie darauf, dass sie Ihrem Malamute gut passen. Dann wird er langsam an das Tragen gewöhnt. Einmal damit vertraut, kann der Malamute etwa ein Drittel seines Gewichts tragen. Also bei ausgedehnten Wanderungen oder Skitouren sowohl seine Brotzeit als auch die der Familie.

Begleithundeausbildung und Agility

In der Begleithundeausbildung, die man mit nahezu jedem Hund machen

Beim Agility dirigiert der Führer seinen Hund mit Zuruf und Handzeichen über die Hindernisse.

Wusssten Sie schon?

Die FCI stellt selbst keine Ahnentafeln aus. Die Mitglieder und Partner der FCI sind in ihren jeweiligen Ländern verantwortlich für die Ausstellung der Ahnentafeln und die Ausbildung der Richter. Die FCI führt jedoch eine Liste aller Richter und sorgt dafür, dass diese Richter in allen Mitgliedsländern anerkannt werden.
Die FCI ist auch nicht direkter Ansprechpartner für die Züchter. Das sind die jeweiligen nationalen, der FCI angeschlossenen Rassehundzuchtverbände in den Mitgliedsländern.

kann, lernt Ihr Alaskan Malamute, verschiedene Kommandos zu befolgen und auch unter Ablenkung zu gehorchen. Diese Leistung kann er bei der Begleithundeprüfung unter Beweis stellen. Sie befähigt den Hund beispielsweise zur Teilnahme an Agilitywettkämpfen. Auch bei dieser Sportart sieht man zunehmend nordische Rassen. Der Hund muss dabei ohne Fehler und innerhalb einer bestimmten Zeit einen Parcours mit den verschiedensten Hindernissen bewältigen. Da gibt es den Slalom, Röhren und Tunnel, Hürden, einen Steg, eine Wippe und viele andere Hindernisse. Agility macht den meisten Hunden und auch Haltern großen Spaß. Agility kann man auch ohne Wettkampfehrgeiz betreiben.

Die Fédération Cynologique Internationale (FCI)

Die Fédération Cynologique Internationale wurde 1911 in Paris von den kynologischen Verbänden Belgiens, Deutschlands, Frankreichs, Hollands und Österreichs gegründet. Sie ist heute der Dachverband für 43 föderierte, 24 assoziierte und 7 nationale Dachverbände, mit denen ein Partnerschaftsvertrag abgeschlossen wurde (Stand 1998). Der Sitz der FCI befindet sich in Thuin / Belgien. Die FCI regelt das internationale Zuchtrecht, sie sichert die Standardhoheit des Mutterlandes einer Rasse, sie ist für die Anerkennung neuer Rassen zuständig und sie regelt das Ausstellungs- und das Richterwesen.

Wussten Sie schon?

Heute sind 329 Rassen offiziell von der FCI anerkannt. Jede dieser Rassen hat ein bestimmtes Ursprungsland. Jeder Standard entstand aus der Zusammenarbeit zwischen dem Ursprungsland und der zuständigen FCI-Kommission. Nach diesen Standards werden die Hunde in den Mitgliedsländern gerichtet. Eine der Aufgaben der FCI ist es, die Standardhoheit des Mutterlandes zu sichern. Nur dieses darf den Standard ändern.

Das Verhalten des Alaskan Malamute

Als Besitzer eines Malamute haben Sie sich einen Hund für Ihre Familie, einen Begleiter, Beschützer, Freund und natürlich ein neues Familienmitglied ausgesucht. Sie investieren Zeit und Geld und betreiben einigen Aufwand, um für Ihren Neuzugang zu sorgen und ihn zu erziehen. Und natürlich soll sich dieser Hund so perfekt verhalten, wie es ein Hund eben kann!

Körperkontakt durch Streicheln ist ein wichtiger Faktor für die Festigung der Bindung zwischen Hund und Besitzer.

Etwas zum Wesen

Grundsätzlich ist der Alaskan Malamute, wie schon erwähnt, ein freundlicher, gelassener Hund. Dennoch ist er kein einfacher Hund. Seine Körpergröße und besonders seine Kraft sind beachtlich. Auch seine Intelligenz, Instinktsicherheit und sein Selbstbewusstsein machen ihn zu einem eher anspruchsvollen Hund, was die Anforderungen an den Halter betrifft. Der Alaskan Malamute braucht einen durchsetzungsfähigen Rudelführer, der sich durch einen liebevollen, konsequenten und kompetenten Umgang mit dem Hund auszeichnet. Härte und Zwang sind beim Malamute fehl am Platz. Gelegentlich kann der Malamute recht dickköpfig sein. Das stellt besonders bei der Haltung mehrerer Malamutes hohe Anforderungen an den Hundehalter.

Denken wie ein Hund

Hunde denken nicht wie Menschen, so wie auch Menschen nicht wie Hunde denken, obwohl wir es versuchen. Nun sind Hunde leider nicht in der Lage, sich in unsere Gedanken zu versetzen. Deshalb muss sich der Hundehalter die Denkweise seines Hundes vor Augen führen. Der Hund kann nicht rationalisieren, er lebt nur im gegenwärtigen Augenblick. Viele Hundebesitzer machen den Fehler, den Hund für etwas zu tadeln, was schon eine Weile zurück liegt. Sie können aber Ihren Hund nicht einmal für etwas zurechtweisen, das vor zwanzig Sekunden geschehen ist! Entweder Sie erwischen ihn auf frischer Tat oder vergessen es lieber! Sie verschwenden nur Ihre Zeit und die Ihres Hundes, denn der denkt, dass er für das bestraft wurde, was er eben in dem Moment des Tadels getan hat.

Die folgenden Verhaltensprobleme sind einige, mit denen Hundehalter häufig konfrontiert werden. Jeder Hund ist anders und auch jede Situation. Kein Autor könnte behaupten, dass man Problem mit Hunden nur dadurch löst, in dem man darüber liest. Wir geben Ihnen hier eine Übersicht über die Grundlagen der „Hundesprache", so dass Sie mit einem Verhaltensproblem wahrscheinlich leichter zurecht kommen. Ziehen Sie jedoch bei unerwünschtem Verhalten Ihren Tierarzt zu Rate, der Ihnen meist einen Hundeverhaltensexperten empfehlen kann. Obwohl Hundebesitzer Ihren Hund häufig wegen Verhaltensproblemen abschaffen, hoffen wir, dass Sie alle Anstrengungen unternehmen, um das Problem mit Ihrem Malamute zu lösen. In einem tierlieben Haushalt sind Geduld und Verständnis wichtige Tugenden.

Die richtige Deutung der Körpersprache Ihres Malamutes bedeutet Kommunikation. Dieser bellende Malamute fordert zum Spiel auf (erkennbar an der Körperhaltung: Vorderpfoten tief, Hintern hoch und Kopf mit Augenkontakt hoch).

Warum beißt ein Hund?

Wenn ein Hund beißt, tut er dies meist aus gutem Grund. Viele Hund sind darauf trainiert, eine Person, einen bestimmten Bereich oder einen Gegenstand zu beschützen. Wird das, was der Hund schützen soll, in seinen Augen bedroht, greift er an. Ein Hund greift mit seinen Zähnen an, andere Mittel hat er nicht. Ein Hund kann auch aus Angst zubeißen, wenn er sich bedroht oder in die Enge getrieben fühlt und keinen Fluchtweg mehr sieht. Sogenannte Kampfhunde wurden und werden für Hundekämpfe trainiert, haben aber auch eine natürliche Veranlagung zum Kämpfen mit anderen Hunden. Obwohl sich dieser Instinkt in erster Linie gegen andere Hunde richtet, kann es zu Unfällen kommen, wenn sich der Hund durch menschliches Verhalten provoziert fühlt. Wenn ein Hund seinen Halter scheinbar ohne Grund beißt, liegt das oft an einer unklaren Rangordnung. Suchen Sie die Hilfe eines Verhaltensberaters, um dieses Problem zu lösen.

Aggressivität

Aggressivität bei Hunden kann sehr problematisch werden. Glücklicherweise ist der Alaskan Malamute eine große, aber freundliche Rasse, und Aggressivität kommt selten vor. Wird Sie jedoch gegebenenfalls nicht kontrolliert, kann es gefährlich werden. Ein aggressiver Hund, egal ob groß oder klein, kann andere Personen und Hunde bedrohen oder beißen. Aggressives Verhalten darf nicht toleriert werden! Es ist nicht nur unerwünscht, sondern ein Risiko für die Sicherheit. Für eine Familie ist es schmerzlich mit anzusehen, wenn ihr Hund zunehmend unberechenbar wird und sie schließlich vor ihm Angst haben müssen. Es ist zwar nicht jedes aggressive Verhalten gefährlich, aber Knurren, Zähnefletschen usw. kann sehr furchteinflößend sein. Es ist wichtig zu klären, warum ein Hund in dieser Weise reagiert. Aggressivität kann Zeichen eines Domonanzproblems sein, kann aber auch aus einer Angst heraus entstehen. Es ist wichtig, einen aggressiven Hund nicht zu provozieren, denn dies könnte einen Angriff auslösen. Achten Sie auf die Körpersprache Ihres Alaskan Malamute. Nimmt er direkten Blickkontakt auf und starrt Sie an? Versucht er, größer auszusehen, zeigt er also aufgestellte Ohren, gesträubte Haare, aufrechte Haltung und einen aufgerichteten Schwanz? Dieses Verhalten gehört zum Imponierverhalten unter Hunden und soll den Gegner beeindrucken. Ein ängstlicher, aggressiver Hund greift oft ohne Vorwarnung in Situationen an, die er als Bedrohung empfindet. Dies kann durch schlechte Erfahrungen, mangelnde Sozialisation oder aber auch genetisch bedingt sein. Die Körperhaltung drückt Unsicherheit aus. Ein aggressiver Hund ist unberechenbar, man weiß nie, wann er aggressiv reagiert und was er dann tut. Man kann oft nicht verstehen, dass ein Hund gerade noch verspielt und liebenswert ist, im nächsten Moment jedoch knurrt oder nach jemandem schnappt.

Das Beste in so einem Fall ist es, sich an einen Experten für Verhaltenskunde zu wenden, der in diesem Bereich Erfahrung hat. So kann man den Grund für die Aggressivität herausfinden und versuchen, etwas dagegen zu tun. Einem aggressiven Hund kann man nicht trauen, und ein Hund, dem man nicht trauen kann, ist eine Gefahr für die Familie. Falls Sie der Meinung sind, dass Ihr Hund aufgrund seines Verhaltens untragbar geworden ist, möchten Sie für ihn vielleicht ein neues, geeigneteres Zuhause suchen. Erklären Sie dem neuen Besitzer genau Ihre Pro-

Wussten Sie schon?

Aggressivität bei Hunden ist ein ernstes Problem. Geben Sie einen aggressiven Hund nie zu jemand anderem. Der Hund könnte in einer neuen Situation, wo sein Führungsanspruch in seinen Augen unangefochten und unbestritten ist, noch aggressiver.

Wussten Sie schon?

Wenn Sie einem aggressiven, knurrenden Hund begegnen, sollten Sie nicht weglaufen. Bleiben Sie ruhig stehen und vermeiden Sie direkten Blickkontakt. Falls Sie etwas in der Hand haben, werfen Sie den Gegenstand seitlich von sich weg, um den Hund von einem Frontalangriff abzulenken.

Die Kontaktaufnahme

Hunde lernen sich kennen, indem sie sich gegenseitig am Hinterteil beschnüffeln. Jeder Hund verströmt seinen ganz persönlichen Geruch,

der von den Analdrüsen ausgeht. Dieser Geruch vermittelt auch das Geschlecht und die Läufigkeit einer Hündin. Manche Hunde schnappen nach einem anderen Hund, wenn dieser beim Beschnüffeln zu aufdringlich wird.

bleme und warum Sie den Hund abgeben möchten, damit er weiß, was auf ihn zu kommt. In schweren Fällen von krankhafter Aggressivität bleibt manchmal nur das Einschläfern.

Aggressivität gegen Artgenossen

Im Allgemeinen ist die Aggressivität gegen andere Hunde das Resultat mangelnder Sozialisierung in frühem Alter. Beim Alaskan Malamute ist, wie bei allen Rassen, eine frühe Sozialisierung mit anderen Hunden sehr vorteilhaft. Der Alaskan Malamute ist nicht von Natur aus aggressiv. Wenn ihn aber andere Hunde nervös machen oder aufhetzen, wird er sich verteidigen. Ein Hund, der als Welpe keine Erfahrungen mit seinesgleichen sammeln konnte, hat nicht gelernt, wie er sich richtig mit Artgenossen verständigen kann. Dann kann es sein, dass er anderen Hunden gegenüber falsch,

Ein Hunderudel ist eine soziale Gemeinschaft. Jeder Hund kennt seinen Platz in der Hierarchie und verhält sich entsprechend.

Viele Hundeexperten raten Hundebesitzer, den Hund nicht im Bett schlafen zu lassen. Dadurch fühlt sich nämlich ein potentiell dominanter Hund gleichrangig mit seinem Halter. Der Rudelführer muss jedoch immer über seinen „Untergebenen” stehen.

panisch oder zu selbstbewusst auftritt. Manchmal stürzen sich solche Hunde ohne Vorwarnung auf den anderen und beißen zu. Um das zu korrigieren, gibt es verschiedene Möglichkeiten. Er sollte lernen, an der Leine ruhig an anderen Hunden vorbeizugehen, beispielsweise mit dem Befehl „Vorbei". Dazu lenkt man ihn am besten mit etwas Positivem ab, wenn ein anderer Hund des Weges kommt oder weist ihn mit einem „Nein"oder „Aus" zurecht. Sie loben ihn dafür, wenn er ruhig vorbeigeht. Erfahrungen mit anderen Hunden sammelt er am besten, indem man ihn mit anderen friedlichen Hunden frei laufen lässt. So lernt der Hund nach und nach, wie er sich gegenüber anderen Hunden verhalten muss.

Das Territorium

Ein Hund, der am Gartenzaun bellt, tut kund, dass dies hier sein Revier ist und jeder die Reviergrenze zu respektieren hat. Da Passanten oder der Postbote sowie andere Hunde normalerweise vorbeigehen, gibt das dem Hund das Gefühl, er hätte die „Eindringlinge" mit seinem Bellen vertrieben. So mancher Hund, der das sehr ernst betreibt, reagiert aus Mangel an sinnvoller Beschäftigung so seine überschüssigen Energien ab. Je ausgelasteter Ihr Hund ist, desto weniger sucht er sich selbst einen Zeitvertreib.

Hundebegegnungen

Am günstigsten ist es, wenn sich Hunde frei laufend begegnen. Sollten sie sich unsympathisch sein, geht am besten jeder Halter in eine andere Richtung weiter und ruft seinen Hund. Begegnet Ihnen ein angeleinter Hund, nehmen Sie Ihren Hund am besten auch an die Leine, damit sich beide Hunde gleichgestellt begegnen.

Dominanzaggression

In einem Rudel in freier Natur herrscht eine strenge soziale Hierarchie. Ein Hund will diejenigen, die unter ihm stehen, dominieren und den ranghöheren Artgenossen gefallen. Hunde wissen instinktiv, dass sie einen Rudelführer brauchen. Falls Sie nicht das Zeug zum „Boss" haben, kann es passieren, dass Ihr Hund diesen Part übernimmt! Dieser angeborenen Veranlagung wirkt der Hundehalter mit Ausbildung und Erziehung entgegen. Indem ein Hundebesitzer seinem Hund Kommandos beibringt, macht er deutlich, dass er den Ton angibt und der

Hund es ist, der gehorchen muss. Ein geeigneter Rudelführer vermittelt dem Hund auf diese Weise Sicherheit. So hat der Hund es nicht nötig, selbst die Führung zu übernehmen.
Ein wichtiger Teil des Trainings ist es, dem Hund immer wieder zu verstehen zu geben, dass man der Rudelführer ist. Einfach ist das, indem man den Hund vor dem vollen Futternapf sitzen und warten lässt. Das zeigt dem Hund, dass Sie die Kontrolle über das Futter haben und er von Ihnen abhängig ist.
Obwohl es nicht immer einfach ist, sollten Sie den Wünschen Ihres Hundes nicht jedes Mal nachgeben, wenn er Sie anwinselt oder mit seinen flehenden Augen ansieht. Dem Hund muss ständig gezeigt werden, dass er am unteren Ende der Rangordnung steht. Das ist jedoch weder grausam noch inhuman. Sie lieben Ihren Alaskan Malamute und sollten ihm Fürsorge und Zuneigung schenken. Sie haben sich hoffentlich nicht deswegen einen Hund angeschafft, um ein anderes Lebewesen zu unterdrücken. Das Training eines Hundes hat nichts mit Grausamkeit oder Gleichgültigkeit zu tun. Vielmehr geht es darum, das Verhalten des Hundes in geordnete Bahnen zu lenken und den Hund zu lehren, nach Ihren Regeln zu leben. In der Theorie klingt das ganz einfach: Bringe einen Hund dazu, sich angemessen zu verhalten und belohne ihn dafür. Das erreicht man am besten durch positive Verstärkung, klare Regeln, Konsequenz und Geduld.
Besonders bei einem dominanten Hund können Bestrafung und negative Verstärkung das Gegenteil von dem bewirken, was Sie eigentlich erreichen möchten. Das kann einen Hund in Angst versetzen und ihn aggressiv machen, wenn er sich provoziert fühlt. Bedenken Sie, dass ein dominanter Hund davon ausgeht, dass er an oberster Stelle der Hierarchie steht und diesen Status verteidigen will. Um das zu vermeiden sollte man sich stets so verhalten, dass der Hund nie das Gefühl hat, der Chef zu sein. Falls Sie beim Training Ihres Alaskan Malamute Probleme haben und es scheint, als würde er

Gut sozialisierte Hunde freuen sich, wenn sie andere Hunde und Kinder treffen. Falls Sie Ihren Malamute ausstellen wollen, ist eine gute Sozialisierung besonders wichtig, damit er sich im Ring gesittet benimmt.

Tauziehen

Ziehspiele sind bei Hunden sehr beliebt. Diese Spiele sollte man aber nur dann spielen, wenn das Kräfteverhältnis zwischen Mensch und Hund so ist, dass dabei überwiegend der Mensch der „Sieger“ ist und die „Beute“ bekommt, sonst wird Ihr Hund bald auch in anderen Bereichen siegen wollen.

Ein wichtiger Teil des Trainings ist die Belohnung. Ein kleiner Leckerbissen ist alles, was man braucht, um dem Hund wissen zu lassen, dass er seine Sache gut gemacht hat.

ständig Ihre Autorität in Frage stellen, sollten Sie sich an einen Hundeausbilder oder einen Verhaltensberater wenden. Ein professioneller Experte wird mit Ihnen und Ihrem Hund arbeiten, um Ihnen die richtigen Maßnahmen für den Umgang zuhause zu vermitteln. Meiden Sie Ausbilder, die mit veralteten Zwangmethoden arbeiten. Sicherlich ist ab und zu ein Tadel notwendig, aber das Hauptaugenmerk beim Üben sollte stets auf der positiven Verstärkung liegen.

Falls Sie die Ursache für das Problemverhalten feststellen können, können Sie dem Hund helfen, es zu überwinden. Beobachten Sie, wie sich Ihr Alaskan Malamute Menschen und Artgenossen gegenüber verhält, und loben Sie ihn, wenn er sich richtig benimmt. Falls er beginnt, aggressiv zu reagieren, korrigieren Sie ihn und bringen Sie ihn aus dieser Situation weg. Menschen sollten sich dem Hund nicht ohne Ihre ausdrückliche Erlaubnis nähern, um ihn zu streicheln. So können Sie ihn zuerst sitzen lassen, bevor er gestreichelt wird. Loben Sie ihn, wenn er sich freundlich gegenüber den Fremden verhält. Behalten Sie ihn stets im Aug. Sein Verhalten ist in erster Linie dahingehend zu beeinflussen, dass Sie ihn für erwünschtes Verhalten gezielt belohnen, statt nur unerwünschtes Verhalten zu bestrafen. Wenn Sie sein Verhalten beobachten und selbst freundlich sind, zeigen Sie ihm, dass es keinen Grund gibt, sich zu fürchten oder zu wehren.

Das Aufreiten

Manche Rüden und auch Hündinnen, ob kastriert oder nicht, besteigen alles, was sie finden. Da genügt ein Kissen, Ihr Bein oder noch schlimmer, das Bein Ihres Nachbarn. Genau wie bei anderen unerwünschten Verhaltensweisen muss der Hund in dem Moment korrigiert werden, in dem er das Verhalten zeigt. Wenn der Welpe mit seinen ersten Trieben experimentiert, glauben manche Halter, sie müßten ihn gewähren lassen, damit er sich abreagieren kann. Wenn aus dem Welpen ein erwachsener Hund mit entsprechenden Trieben geworden ist, wird das zunehmend ärgerlicher. Rüden wirken so, als versuchten sie ständig, ihre Art zu erhalten. Deshalb ist es wichtig, dieses Verhalten von klein auf zu unterbinden. Nicht immer ist das Aufreiten aber sexueller Natur, es kann auch eine Geste der Dominanz sein (auch bei Hündinnen).

Wussten Sie schon?

Eine Zurechtweisung für ein Fehlverhalten ist nur selten nötig. Hunde, die sich ständig unerwünscht verhalten, wurden meist schlecht erzogen und wissen nicht, was von ihnen erwartet wird. Sie brauchen ein systematisches Training. Den Hund zu disziplinieren, schadet meist mehr als es nützt.

Das Fortpflanzungsverhalten

Hunde zeigen ein bestimmtes Fortpflanzungsverhalten, das vielleicht Ihre Entscheidung zwischen Rüde und Hündin beeinflusst hat, als Sie Ihren Alaskan Malamute gekauft haben. Durch die Kastration lässt sich dieses Verhalten beeinflussen, aber falls Ihr Hund nicht kastriert wird, sollten Sie wissen, worauf Sie sich ein Hundeleben lang einstellen müssen.

Hündinnen werden meist zweimal jährlich für jeweils etwa drei Wochen läufig. Eine Hündin ist nur innerhalb der zweiten Woche paarungsbereit. Wird eine Hündin nicht gedeckt, wird sie nicht selten scheinträchtig. Der Bauch und/oder das Gesäuge schwellen an. Die Hündin zeigt Brutpflegetrieb, indem sie Spielsachen oder andere Dinge bemuttert oder verscharrt.

Der Hundehalter sollten wissen, dass das Aufreiten nicht nur einen sexuellen Hintergrund hat, sondern auch eine Geste der Dominanz ist. Durch Konsequenz und Beständigkeit lässt sich auch dieses unangenehme Verhalten beeinflussen.

Kauen

Eine typische Freizeitbeschäftigung von Hunden ist es, auf etwas herumzukauen. Jeder Hund liebt es, seine Zähne in einen wohlschmeckenden Knochen zu graben, aber manchmal gehört dieser Knochen zur Hand des Hundebesitzers! Hunde müssen etwas zum Kauen haben, um ihr Zahnfleisch zu massieren, ihre Zähne sauber zu halten und um ihre Kiefer zu kräftigen. Das ist ein natürliches Verhalten, das tief im Erbgut des Hundes verankert ist. Unsere Aufgabe als Hundehalter ist es deshalb nicht, dem Hund das Kauen abzugewöhnen, sondern auf „kaufreundliche" Objekte umzulenken. Kaufen Sie für Ihren Alaskan Malamute deshalb nur spezielle Kauspielzeuge und fressbare Kaugegenstände, wie Büffelhautknochen oder getrocknete Schweineohren. Andere Dinge

Angst vor anderen Hunden

Fürchtet sich ein Hund vor anderen Hunden, ist meist das Ergebnis mangelnder Sozialisierung oder einer schlechten Erfahrung im Welpenalter. Bedenken Sie, dass das Wort „schlecht" hier relativ ist. Ein Vorfall, über den Sie nicht einmal nachdenken würden, kann beim Welpen einen dauerhaften negativen Eindruck hinterlassen. Erlebt der Hund später eine ähnliche Situation, wird er womöglich aggressiv reagieren, um sich zu schützen. Ein solches Verhalten ist sehr schwer vorauszusehen, besonders wenn man nicht weiß, wodurch seine Furcht ausgelöst wird.

Malamutes sind einfach zu schwer, um sich von ihnen bei der Begrüßung anspringen zu lassen. Erziehen Sie Ihren Hund schon als Welpen dazu, dies zu unterlassen. Ziehen Sie Ihr Knie hoch und sagen Sie „Nein", dann wird er es schnell verstehen.

können für den Hund gefährlich werden. Vermeiden Sie von Anfang an, dass Ihr Hund die Wohnungseinrichtung zerkaut. Achten Sie darauf, dass Schuhe, Handtaschen und andere für den Hund reizvolle Dinge außerhalb seiner Reichweite aufbewahrt werden. Falls sich Ihr Welpe an Ihren Möbeln oder Hosenbeinen vergreifen möchte, lenken Sie seine Aufmerksamkeit sofort auf seine Spielsachen. Machen Sie etwas Lärm, um die Aufmerksamkeit des Welpen zu wecken und begleiten Sie ihn zu seinem Kauspielzeug. Beschäftigen Sie ihn für einige Minuten damit und ermuntern und loben Sie ihn währenddessen.

Manche Trainer empfehlen, übelriechende oder -schmeckende Substanzen, wie Pfeffer, oder spezielle Mittel auf die Dinge aufzutragen, auf denen der Welpe gerne kauen würde, aber es nicht soll. Bevor Sie so ein Mittel kaufen, probieren Sie es zuerst aus; mancher Malamute ist hartgesotten!

Anspringen von Personen

Verhindern Sie das Anspringen des Hundes bereits, bevor er springt. Setzt er zum Sprung an, drehen Sie sich zur Seite weg. Dies geht zum einen sehr schnell und entspricht gleichzeitig der abweisenden Geste des dominanten Hundes (in dem Fall von Ihnen). Der Hund wird begreifen, dass das Anspringen keine gute Methode ist, um Ihre Aufmerksamkeit zu bekommen.

Anspringen von Menschen

Springt der Hund an jemandem hoch, ist das sein Art, jemand freundlich zu begrüßen. Manche Hundehalter machen sich keine Gedanken darüber, ob das gut oder weniger gut ist. Probleme tauchen meist dann auf, wenn der Hund fremde Menschen auf diese Weise begrüßt, egal ob sie es wollen oder nicht! Auch wenn die Begrüßung noch so freundlich gemeint ist, werden Ihre Gäste wahrscheinlich nicht begeistert sein, wenn Sie von Ihrem stürmi-

schen Malamute umgeworfen werden. Ein Hund sollte grundsätzlich niemanden anspringen. Es ist ratsam, dieses Verhalten von Anfang an konsequent zu unterbinden.
Überlegen Sie sich ein Kommando wie „Aus" oder „Runter" und sagen Sie ihm das, wenn er Sie anspringt. Befördern Sie ihn mit allen Vieren wieder auf den Boden, lassen Sie ihn dann sitzen und loben Sie ihn ausgiebig. Während er sitzt, überhäufen Sie ihn mit Lob und Streicheleinheiten. So begrüßen Sie ihn liebevoll, denn Sie freuen sich über das Wiedersehen genauso, wie er sich über Sie freut. Das Anspringen lässt sich dauerhaft aber nur dann abgewöhnen, wenn sich jeder, den der Hund anspringt, so verhält.

Buddeln

Graben erscheint dem Mensch eher als destruktives Verhalten erscheint, dabei ist es eine natürliche Verhaltensweise des Hundes. Der Drang Ihres Hundes zu buddeln, kann übermächtig und sehr frustrierend für den Besitzer sein. Wenn der Hund im Garten gräbt, ist das in der Tat eine Verhaltensweise aus seinem Hundealltag. In der freien Natur macht er das, um sich eine Höhle oder nach Futter zu graben. Er setzt seine Pfoten also gezielt ein, um zu überleben. Seitdem der Mensch für den Hund sorgt, braucht er seine Pfoten für diesen Zweck nicht mehr. Und so verwendet er seine überschüssige Energie dafür, um überall im Garten und in den Blumenbeeten Löcher zu graben.
Häufig buddelt ein Hund auch aus Langeweile. Das ist damit vergleichbar,

Wussten Sie schon?

Hunde und Menschen sind vielleicht die einzigen Lebewesen, die lachen. Manche Hunde zeigen dieses Verhalten bei der Begrüßung. Sie zeigen dieses Verhalten keinem anderen Tier, sondern nur dem Menschen gegenüber. Gewöhnlich kräuseln sie dabei die Oberlippe, so dass man die vorderen Zähne kurz sehen kann, und legen sich vielleicht noch auf den Rücken. Die Ohren sind dabei nach hinten gelegt.

Der Rudelführer

Als Rudeltiere wissen Hunde, dass ihr Rudel nur mit einem fähigen Rudelführer überleben kann. Dieser Rudelführer muss der Mensch sein. Benehmen sie sich entsprechend, akzeptiert Sie der Hund. Sind Sie nicht überzeugend, sieht der Hund das Überleben gefährdet und übernimmt dann selbst die Führung.

Sind die Ohren des Hundes zurückgelegt und der Schwanz in der Höhe, ist er Ihnen gegenüber unaufmerksam. Lernen Sie, die Körpersprache Ihres Hundes zu verstehen.

Hunde können unvorhergesehene Verhaltensweisen entwickeln. Manche wollen immer da sein, wo etwas los ist andere suchen dauernd herum.

Wussten Sie schon?

Damit der Hund nicht zu viel bellt, können Sie ihm das Kommando „Ruhig“ beibringen. Wenn jemand an der Türe ist und der Hund ein paar Mal bellt, loben Sie ihn. Hört er auf, reden Sie beruhigend mit ihm, sagen Sie "Ruhig" und loben ihn weiter. So erlauben Sie ihm, zu warnen, was ja ein natürliches Verhalten ist, und belohnen ihn dann aber dafür, dass er wieder ruhig ist. Anfangs können Sie ihm einen Leckerbissen geben, nachdem er ein paar Minuten ruhig war. Achten Sie darauf, dass Sie den Hund nicht unbewusst für das Bellen belohnen.

Stimmungsübertragung

Brüllen und schreien Sie nicht, springen und rennen Sie nicht umher, wenn Sie wollen, dass Ihr Hund ruhig bleibt. In vielen Situationen richtet sich der Hund mit seinem Verhalten nach dem Ihren. Beobachten Sie, wie Ihr Hund auf Ihr Verhalten reagiert und richten Sie sich danach.

wenn jemand vor dem Fernseher eine ganze Tüte Kartoffelchips isst, einfach weil sie da sind und man nichts anderes zu tun hat! In diesem Fall kann man das Graben dadurch beeinflussen, dass man dem Hund entsprechende Bewegung und Beschäftigung verschafft. So sind Geist und Pfoten beschäftigt, der Hund ist ausgelastet und ausgeglichen.

Am einfachsten ist das Buddeln natürlich dann zu kontrollieren, wenn man es so bald wie möglich stoppt. Aber es ist oft schwierig, den Hund auf „frischer Tat“ zu erwischen, besonders wenn er längere Zeit sich selbst überlassen ist, was generell nicht ratsam ist. Ist Ihr Hund ein so leidenschaftlicher Buddler, dass ihn nichts davon abgehalten kann, sollten Sie ihm einen bestimmten Bereich des Gartens dafür zur Verfügung stellen. Erwischen Sie ihn beim Graben außerhalb dieses erlaubten Areals, bringen Sie ihn auf der Stelle wieder in seinen Bereich zurück und loben ihn, wenn er dort gräbt. Behalten Sie ihn gut im Auge, damit Sie im Falle eines Falles sofort einschreiten können - das ist der einzige Weg, um ihm klar zu machen, was

Richtig spielen

Spiele mit Körpereinsatz wie Ringen oder solche, die Ihren Hund anstacheln, sollte man nicht fördern. Dadurch wird der Hund recht ungestüm und das verunsichert ihn. Der Halter sollte seinen Hund jederzeit unter Kontrolle haben können; auch im Spiel muss der Hund wissen, dass Sie der Rudelführer sind und Sie bestimmen, wann und wie gespielt wird.

erlaubt ist und was nicht. Wenn Sie ihm ein Loch zeigen, das er vor einer Stunde gegraben hat, und dabei „Aus“ oder „Nein“ sagen, wird er denken, dass Sie Löcher oder Schmutz oder Blumen nicht mögen. Erwischen Sie ihn aber, wenn er knietief in ihren Tulpen gräbt, wird er verstehen, dass Sie sein Graben nicht mögen.

Bellen und Heulen

Hunde können nicht sprechen, aber was würden sie wohl alles sagen, wenn sie es könnten! Stattdessen ist das Bellen ihre Sprache. Manchmal kann es etwas frustrierend sein, denn es ist nicht immer leicht zu verstehen, was ein Hund damit sagen will. Ist er aufgeregt, glücklich, ängstlich oder ärgerlich? Wenn Sie Ihren Hund gut beobachten, werden Sie an der Kombination von Körpersprache und Lautäußerung bald erkennen können, was er Ihnen mitteilen will. Was auch immer das ist, für Bellen darf er nie bestraft werden. Lediglich wenn es zu sehr ausufert und eine schlechte Angewohn-

Manche Malamutes sind wenig „gesprächig“, andere wiederum heulen den Mond an! Die meisten Malamutes bellen nur, wenn sie Hunger haben, ins Haus wollen oder Zuwendung möchten.

Hilfe ist nötig

Wenn Ihr Hund Fremde anbellt oder anknurrt, wenn er sein Futter, sein Spielzeug oder seinen Schlafplatz verteidigt, brauchen Sie professionellen Rat. Ansonsten kann es früher oder später passieren, dass Ihr Hund zubeißt. Meist hat Ihr Hund in solchen Fällen seine niedrigere Stellung in der Rangordnung nicht akzeptiert.

Konsequenz ist nötig

Tolerieren Sie es nicht, wenn Ihr Welpe sie anknurrt oder Ihnen die Zähne zeigt. Ein solches Verhalten ist dominant und aggressiv. Falls man das nicht korrigiert, wird der Welpe es wiederholen. Je größer der Hund wird, um so bedrohlicher wird ein solches Verhalten und kann letztlich dazu führen, dass der Hund zubeißt.

heit wird, sollte es beispielsweise mit einem Griff an die Schnauze beendet werden. Glücklicherweise gehört der Alaskan Malamute nicht zu den bellfreudigen Rassen, sondern bellt, wenn überhaupt, gezielt. Sie wären sicher erfreut, wenn der Malamute es anzeigen würde, falls mitten in der Nacht ein Einbrecher ins Haus käme. Im Gegensatz zu den anderen Rassen ist unter den Schlittenhunden vor allem das Heulen verbreitet. Einerseits dient das Heulen dem Zusammenhalt und der Verständigung untereinander, wenn mehrere Hunde zusammen gehalten werden. Zum anderen ist es ein Zeichen der Einsamkeit, wenn der Hund allein ist. Als ausgesprochenen Rudeltieren kann es bei Schlittenhundrassen manchmal vorkommen, dass ein Hund nicht daran gewöhnt werden kann, allein zu bleiben. Ein richtiger Wachhund wie viele Gebrauchshunderassen ist der Alaskan Malamute, wie auch seine anderen Schlittenhundekollegen, nicht. Im Gegenteil, eine ausgeprägte Menschenfreundlichkeit war unerlässlich für ihre Arbeit. Hunde, die sich in diesem Punkt nicht entsprechend verhalten haben, wurden früher ausgesondert. Darum werden Besucher in der Regel freudig und manchmal mit entsprechender vokaler Untermalung begrüßt. Trotzdem wird der Alaskan Malamute schon durch seine Größe und sein Aussehen für einen Einbrecher nicht gerade einladend wirken.

Wer also einen zuverlässigen Beschützer und Wächter sucht, sollte sich für eine andere Hunderasse entscheiden.

Jeder Malamute hat eine andere Persönlichkeit. Es gibt zwar grundsätzliche rassespezifische Besonderheiten, aber jeder Hund hat seine eigenen Vorlieben und Abneigungen.

Klauen von Nahrungsmitteln

Entwickelt Ihr Hund gerade Strategien, um etwas von Ihrem Kaffeetisch zu schnappen? Falls das so ist, sollten Sie sich die folgenden Fragen beantworten: Ist Ihr Malamute hungrig oder ist er konstant „am Verhungern", wie es viele Schlittenhunde zu sein scheinen? Manche Hunde sind futtermotivierter als andere. Einige Hunde sind total auf Futter versessen und leben nur von einer Mahlzeit zur nächsten. Das Stibitzen von Nahrungsmitteln ist ein großer Spaß, hat er doch immer eine

Füttern Sie Ihren Malamute niemals vom Tisch, denn das würde das Betteln bei Tisch fördern. Dieser Malamute muss es aushalten, sein Leckerchen auf dem Tisch liegen zu lassen.

Belohnung zur Folge – das Futter, und zwar meist ein besonders gutes Futter. Das Ziel des Hundehalters sollte es sein, sorgfältig darauf zu achten, dass keine Nahrungsmittel unbeobachtet herumstehen. Wenn Sie den Hund gerade beim Stehlen erwischen, tadeln Sie ihn. Aber wirklich nur dann, wenn Sie ihn „in flagranti" erwischen und nicht, wenn Sie das „Vergehen" erst später entdecken. Das würde nichts bewirken und den Hund nur verunsichern.

Betteln

Genauso wie das Klauen von Futter ist auch das Betteln ein beliebter Zeitvertreib bei Hunden. Es führt zum gleichen, erfreulichen Ergebnis - Futter! Hunde merken schnell, dass ihre Halter das „gute Futter" für sich behalten und wir Menschen nicht nur von Trockenfutter leben. Das Betteln ist eine konditionierte Reaktion auf bestimmte Auslöser, auf Zeit und Ort. Die Geräusche aus der Küche, das Öffnen von Kannen und Flaschen, das Rascheln von Tüten, der Geruch beim Kochen begeistern den Hund und schon sind die Pfoten in der Luft!

Ein einfacher Tipp gegen das Betteln: Geben Sie einem Bettler niemals nach! Geben Sie ihm Futter, wenn er am Tisch sitzt, hoch springt, winselt oder Sie mit

Der Kühlschrank ist eine Versuchung für jeden Hund. Oft kommt der Hund sofort in die Küche, wenn er hört, dass jemand die Kühlschranktür öffnet.

Hygiene ist wichtig

Wir alle lieben unsere Hunde und unsere Hunde lieben uns. Sie zeigen ihre Zuneigung, indem sie uns

ablecken. Das ist nicht sehr hygienisch, weil Hunde oft an unappetitlichen Stellen schnüffeln und lecken. Küsse auf das Maul des Hundes sind streng verboten, denn so können leicht Parasiten übertragen werden.

Wusssten Sie schon?

Wenn Hunde ab und zu allein gelassen werden, freuen sie sich meistens überschwänglich, wenn man nach Hause kommt. Manchmal

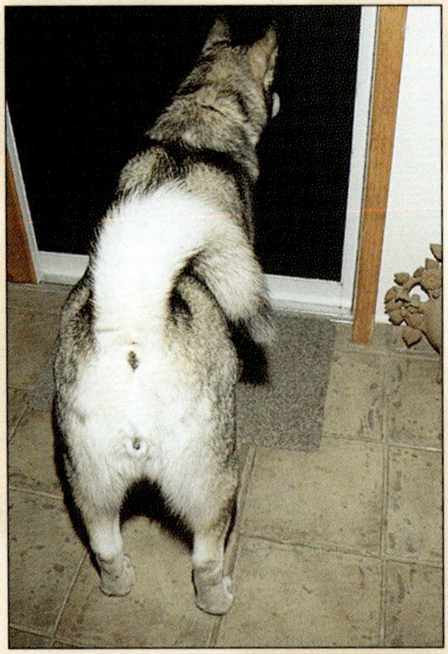

rennen sie herum, springen oder benehmen sich anderweitig recht wild. Warten Sie mit der Begrüßung, bis der Hund sich beruhigt hat, sonst betrachtet der Hund Ihre Zuwendung als Belohnung für sein Verhalten.

Trennungsangst kann bei Hunden ein ernstes Problem werden. Malamutes trauern oft, wenn sie allein gelassen werden.

der Schnauze stößt, belohnen Sie das Betteln. Ignorieren des Hundes führt dagegen zur Auslöschung dieses Verhaltens.

Trennungsangst

Wenn Sie Ihren Alasakan Malamute allein zu Hause lassen, kann es sein, dass er sein Missfallen durch Heulen, Winseln oder andere Laute ausdrückt. Dies ist zunächst eine normale Reaktion, so wie auch manche Kinder am ersten Schul- oder Kindergartentag weinen. In erster Linie führt aber eine ständige Beachtung des Hundes zur Trennungsangst. Wenn man sich ständig mit dem Hund beschäftigt, erwartet er das auch dauernd, und das Alleinsein wird für ihn noch schlimmer. Natürlich genießen Sie es, die Zeit mit Ihrem Hund zu verbringen, und Ihre Liebe und Zuwendung tun ihm gut. Aber die Bindung sollte nicht so eng werden, dass er ohne Sie nicht mehr sein kann.

Etwas, das Sie zur Minimierung der Trennungsangst tun können, ist, das Weggehen und Heimkommen so unspektakulär wie möglich zu gestalten. Vermeiden Sie lange Verabschiedungsszenen beim Weggehen und übermäßige Begrüßungsrituale bei Ihrer Rückkehr. Damit würde man seiner

Wusssten Sie schon?

Ihr Hund leidet, wenn Sie nicht bei ihm sind. Sie merken das natürlich nicht, denn sobald Sie sich wiedersehen, geht es ihm auch wieder gut. Heutzutage halten sich immer mehr Menschen einen Hund, obwohl sie den ganzen Tag berufstätig sind. Sicher können die wenigsten Menschen 24 Stunden am Tag mit ihrem Hund verbringen. Experten raten aber, einen Hund nur höchstens vier Stunden am Tag allein zu lassen, und selbst das ist schon sehr lange!

Sehnsucht nach Beachtung verstärken, und er wird diese dann noch mehr vermissen, wenn Sie weg sind. Eine weitere Möglichkeit ist die, dem Hund etwas zum Kauen zu geben, wenn Sie gehen; so ist er einerseits beschäftigt und von Ihrem Weggehen abgelenkt, andererseits wird er das Alleinbleiben auf diese Art mit etwas Positivem verbinden.

Am besten gewöhnen Sie Ihren Hund in Intervallen ans Alleinsein. Wenn Sie sich der Türe nähern und er winselt, würden Sie natürlich am liebsten sofort zu ihm gehen, um ihn zu beruhigen, aber tun Sie es nicht! Und wirklich, wenn Sie in kleinen Schritten vorgehen, wird er sich schließlich damit abfinden und sich gut dabei fühlen. Seine Angst rührt ja daher, dass er sich in einer ungewohnten Situation befindet. Indem man ihn mit dem Alleinsein vertraut macht, wird er lernen, dass das ganz in Ordnung ist. Das heißt

Wussten Sie schon?

Für die Behandlung psychischer Probleme bei Hunden gibt es sowohl verhaltenstherapeutische Maßnahmen wie auch am Anfang Medikamente zur Unterstützung dieser Maßnahmen. Wenn Sie Schwierigkeiten mit Ihrem Hund haben und nicht mehr allein zurechtkommen, sollten Sie einen speziell verhaltenskundlich ausgebildeten Tierarzt oder einen kompetenten, mit dem Verhalten und der Entwicklung des Hundes absolut vertrauten Trainer aufsuchen. Am besten notieren Sie sich alle Fragen und Probleme.
Bei Hunden aus zweiter Hand oder aus dem Tierheim können oft Probleme vorhanden sein, die auf schlechten Erfahrungen oder schlechter, bzw. fehlender Sozialisierung basieren. Wenn Sie einen solchen Hund zu sich nehmen, sollten Sie versuchen, so viel wie möglich über die Vorgeschichte zu erfahren. Nur so kann man eventuell Fehlverhalten einigermaßen behandeln.
Achten Sie bei der Suche nach einem guten Trainer darauf, dass er seine Methode genau erklären kann und dass er nicht mit grobem Zwang arbeitet. Holen Sie im Zweifelsfall noch eine zweite Meinung ein. Konsultieren Sie auch Ihren Tierarzt, denn manche Verhaltensstörungen können organische Ursachen haben.

Wie alle Hunde sind auch Malamutes Rudeltiere die Zuwendung und Gesellschaft brauchen. Eine Möglichkeit, Trennungsängste zu vermeiden, ist die Anschaffung eines zweiten Hundes. Dieser Shiba Inu-Welpe ist eine willkommene Bereicherung einer glücklichen Familie.

nicht, dass Sie Ihren Hund nun in Zukunft regelmäßig absichtlich alleine lassen müssen; aber er muss wissen, dass Sie, obwohl er sich auf Ihre Fürsorge verlassen kann, nicht 24 Stunden täglich neben ihm sitzen können. Wird der Hund allein gelassen, sollte er sich in seinem Bereich aufhalten. Am besten dort, wo er schläft und sich bereits wohlfühlt, dann wird auch das Alleinsein für ihn leichter.

Koprophagie

Das Fressen von Kot ist für die meisten Menschen das unappetitlichste Verhalten, das ein Hund zeigen kann. Für den Hund ist es allerdings völlig normal. Für uns ist es schwer zu verstehen, warum ein Hund seinen eigenen Kot und den anderer Hunde frisst. Vielleicht fehlen ihm bestimmte Nährstoffe in seinem Futter, vielleicht hat er einfach nur Hunger oder fühlt sich von dem für den Hund angenehmen Geruch angezogen. Mit Koprophagie wird meist das Fressen des eigenen Kots beschrieben, aber viele Hunde fressen den Kot von anderen Tieren genauso gern. Tierärzte haben herausgefunden, dass eine Ernährung mit

schwerer verdaulichem Futter, das wenig Ballaststoffe und viel Stärke enthält, das Fressen von Kot begünstigt. Ballaststoffreiche Futtermittel dagegen scheinen das Verlangen zu reduzieren. Die Konsistenz des Stuhls, wie fest er sich im Maul des Hundes anfühlt, und darin enthaltene unverdaute Nährstoffe machen den Kot als Nahrung interessant. Manche Hunde finden die Hinterlassenschaften von Katzen und Pferden verlockender als die anderer Hunde. Bekommt ein Hund davon Durchfall, wird er diese unappetitliche Angewohnheit vielleicht aufgeben. Um den Hund von diesem Verhalten abzubringen, sollten Sie sich als erstes vergewissern, ob sein Futter alles enthält, was er braucht, und ob er wirklich satt wird. Falls eine Futterumstellung nichts bewirkt und auch keine medizinische Ursache festgestellt werden kann, bleibt zur Beeinflussung dieses Verhaltens nur noch die Kontrolle der Umgebung, bevor es zur Gewohnheit wird. Damit der Hund seinen Kot nicht fressen kann, sollten Sie ihn sofort beseitigen, nachdem er sich gelöst hat. Entfernen Sie auch alle „Häufchen" aus dem Garten. Wenn kein Kot da ist, kann der Hund auch keinen fressen.

Hundehalter könne ihre Vormachtstellung unterstreichen, in dem sie den Hund vor der Mahlzeit sitzen lassen. Er darf dann erst auf Kommando fressen. Diese Methode wird von vielen Trainern und Verhaltensberatern empfohlen.

Ihn zu bestrafen, beeindruckt den Hund nur selten. Tierärzte empfehlen den Hund einfach wegzuholen, während er Kot frisst. Koprophagie tritt meistens bei jungen Hunden zwischen sechs und zwölf Monaten auf und verschwindet um den ersten Geburtstag wieder.

Register

Seitenzahlen in **Fettdruck** stehen für Abbildungen.

Mein Alaskan Malamute

Kleben Sie das Foto Ihres Welpen hierher

Name des Hundes ______________________________

Datum ______________

Fotograf ____________________________________